Jan Hackert

Intranet

Technologische Grundlagen, eine Abgrenzung des
von Anspruch und Realität

Bibliografische Information der Deutschen Nationalbibliothek:

Bibliografische Information der Deutschen Nationalbibliothek: Die Deutsche
Bibliothek verzeichnet diese Publikation in der Deutschen Nationalbibliografie;
detaillierte bibliografische Daten sind im Internet über http://dnb.d-nb.de/ abrufbar.

Copyright © 1997 Diplomica Verlag GmbH
Druck und Bindung: Books on Demand GmbH, Norderstedt Germany
ISBN: 9783838609416

http://www.diplom.de/e-book/216841/intranet

Jan Hackert

Intranet

Technologische Grundlagen, eine Abgrenzung des Begriffs und kritische Analyse von Anspruch und Realität

Diplom.de

Jan Hackert

Intranet
Technologische Grundlagen, eine Abgrenzung des Begriffs
und kritische Analyse von Anspruch und Realität

Diplomarbeit
an der Universität Trier
August 1997 Abgabe

***Diplomarbeiten* Agentur**
Dipl. Kfm. Dipl. Hdl. Björn Bedey
Dipl. Wi.-Ing. Martin Haschke
und Guido Meyer GbR

Hermannstal 119 k
22119 Hamburg

agentur@diplom.de
www.diplom.de

ID 941
Hackert, Jan: Intranet: Technologische Grundlagen, eine Abgrenzung des Begriffs und kritische Analyse von Anspruch und Realität / Jan Hackert · Hamburg: Diplomarbeiten Agentur, 1998
Zugl.: Trier, Universität, Diplom, 1997

Dipl. Kfm. Dipl. Hdl. Björn Bedey, Dipl. Wi.-Ing. Martin Haschke & Guido Meyer GbR
Diplomarbeiten Agentur, http://www.diplom.de, Hamburg 2000
Printed in Germany

Diplomarbeiten **Agentur**

Wissensquellen gewinnbringend nutzen

Qualität, Praxisrelevanz und Aktualität zeichnen unsere Studien aus. Wir bieten Ihnen im Auftrag unserer Autorinnen und Autoren Wirtschaftsstudien und wissenschaftliche Abschlussarbeiten – Dissertationen, Diplomarbeiten, Magisterarbeiten, Staatsexamensarbeiten und Studienarbeiten zum Kauf. Sie wurden an deutschen Universitäten, Fachhochschulen, Akademien oder vergleichbaren Institutionen der Europäischen Union geschrieben. Der Notendurchschnitt liegt bei 1,5.

Wettbewerbsvorteile verschaffen – Vergleichen Sie den Preis unserer Studien mit den Honoraren externer Berater. Um dieses Wissen selbst zusammenzutragen, müssten Sie viel Zeit und Geld aufbringen.

http://www.diplom.de bietet Ihnen unser vollständiges Lieferprogramm mit mehreren tausend Studien im Internet. Neben dem Online-Katalog und der Online-Suchmaschine für Ihre Recherche steht Ihnen auch eine Online-Bestellfunktion zur Verfügung. Inhaltliche Zusammenfassungen und Inhaltsverzeichnisse zu jeder Studie sind im Internet einsehbar.

Individueller Service – Gerne senden wir Ihnen auch unseren Papierkatalog zu. Bitte fordern Sie Ihr individuelles Exemplar bei uns an. Für Fragen, Anregungen und individuelle Anfragen stehen wir Ihnen gerne zur Verfügung. Wir freuen uns auf eine gute Zusammenarbeit

Ihr Team der *Diplomarbeiten* **Agentur**

Dipl. Kfm. Dipl. Hdl. Björn Bedey
Dipl. Wi.-Ing. Martin Haschke
und Guido Meyer GbR

Hermannstal 119 k
22119 Hamburg

Fon: 040 / 655 99 20
Fax: 040 / 655 99 222

agentur@diplom.de
www.diplom.de

INHALTSVERZEICHNIS   Seite

ABBILDUNGSVERZEICHNIS   Seite

ABKÜRZUNGSVERZEICHNIS

ASCII:	American Standard Code for Information Interchange
ATM:	Asynchronous Transfer Mode
ARPANET:	Advanced Research Projects Agency Network
CD-ROM:	Compact Disk-Read Only Memory
CERN:	Conseil Européen pour la Recherche Nucléaire
CERT:	Computer Emergency Response Team
CGI:	Common Gateway Interface
CSMA/CD:	Carrier Sense Multiple Access with Collision Detection
CW:	Computerwoche
DECnet:	Digital Equipment Corporation network
DNS:	Domain Name System
EDV:	Elektronische Datenverarbeitung
FTP:	File Transfer Protocol
HTML:	Hypertext Markup Language
HTTP:	Hypertext Transfer Protocol
IAB:	Internet Architecture Board
IP:	Internet Protocol
IPng:	Internet Protocol next generation
IPv4:	Internet Protocol version 4
IPv6:	Internet Protocol version 6
IPX:	Internetwork Packet Exchange
IRC:	Internet Relay Chat
ISDN:	Integrated Services Digital Network
ISO:	International Standards Organisation
IT:	Information Technology
JVM:	Java Virtual Machine
LAN:	Local Area Network
MAN:	Metropolitan Area Network
Mbit/s:	Megabit pro Sekunde
MBone:	Multicast Backbone
MS-DOS:	Microsoft Disk Operating System
MTU:	Maximum Transfer Unit
MIME:	Multipurpose Internet Mail Extensions
NNTP:	Network News Transfer Protocol

o.V.:	ohne Verfasser
OSI:	Open Systems Interconnection
PC:	Personal Computer
RFC:	Request For Comments
RSVP:	Resource Reservation Protocol
RTP:	Real-Time Transport Protocol
S-MIME:	Secure Multipurpose Internet Mail Extensions
S-HTTP:	Secure Hypertext Transfer Protocol
SMTP:	Simple Mail Transfer Protocol
SNA:	Systems Network Architecture
SPX:	Sequenced Packet Exchange
SSL:	Secure Socket Layer
TCP:	Transmission Control Protocol
UDP:	User Datagram Protocol
URL:	Uniform Resource Locator
VPN:	Virtual Private Networks
VRML:	Virtual Reality Modeling Language
WAIS:	Wide Area Information Server
WAN:	Wide Area Network
WWW:	World Wide Web

1 Einleitung

Der Begriff *Intranet* ist eines der derzeit populärsten Schlagworte im Bereich der Betriebswirtschaftslehre und der Informationstechnologie. Laut einer Studie der Zeitschrift *Computerwoche* (CW) aus dem Jahre 1996 setzten sich damals 70 % der befragten Unternehmen mit der neuen Technologie konkret auseinander. 55 % dieser Befürworter planten die Einführung eines Intranets im Jahre 1997.[1]

Diese Zahlen sind umso vorsichtiger zu bewerten, als keine Einigkeit darüber herrscht, was genau ein Intranet eigentlich ist und ob es sich tatsächlich um eine neue Technologie handelt.

Die ungeheure Fülle täglich neuer Informationen von Werbeschriften, die dieses Label dazu verwenden, ihren Produkten neue Zugkraft zu verleihen, bis hin zu Leitartikeln in Fachzeitschriften und die große Euphorie, die oft damit verbunden ist, machen es nicht einfacher, in Kürze Klarheit darüber zu erlangen.

Noch problematischer ist es, eine objektive und realistische Aussage darüber zu machen, welche Möglichkeiten Intranets Wirtschaftsunternehmen und anderen Organisationen tatsächlich bieten.

Die vorliegende Diplomarbeit, die am Lehrstuhl Arbeit-Personal-Organisation des Fachbereichs IV der Universität Trier bei Herrn Univ.-Prof. Dr. Hartmut Wächter unter Betreuung von Herrn Dr. Thomas Metz entstand, soll daher zunächst das Konzept offener Systeme im allgemeinen sowie die Architektur und Standards des Internet als technologische Basis von Intranets im speziellen erläutern.

Im Anschluß daran werden in Kapitel Drei die Übertragung der Internettechnologie auf private Netzwerke anhand einzelner Komponenten geschildert, Vor- und Nachteile gegenübergestellt und ein Erklärungsansatz für die sehr weit divergierenden Definitionen des Begriffes *Intranet* gesucht.

Das vierte Kapitel beinhaltet schließlich den Versuch, einen geordneten und kritischen Überblick über die derzeitigen betriebswirtschaftlichen Nutzungsmöglichkeiten, deren Grenzen sowie problematische Aspekte, die mit der Implementierung eines Intranets verbunden sind, zu geben.

---

[1] Vgl. Burghardt, Peter: CW-Studie: Intranet. Derzeitiger und künftiger Einsatz in bundesdeutschen Unternehmen, München 1997, S. 26.

2 Die technologische Basis eines Intranets

2.1 Definitionen und grundlegende Eigenschaften

Viele Veröffentlichungen zum Thema Intranet beginnen mit dem Versuch einer kurzen Definition des Begriffs. Dies führt zum Teil zu unterschiedlichen Ergebnissen:

„...eine firmeninterne Kommunikationsmöglichkeit basierend auf dem Internetprotokoll TCP/IP[2]...“[3]

„...HTTP/HTML[4]-basierte Systeme, die auf TCP/IP-Netzwerken laufen und nicht direkt mit dem Internet verbunden sind...“[5]

„...diese Intranets nutzen die Infrastruktur und die Standards des Internet und des WWW,[6] sind von diesen aber durch Firewalls abgetrennt...“[7]

„Puristen definieren ein Intranet als physikalisch und logisch abgeschlossenes Netz, das auf Internet-Technik aufbaut.“[8]

Viele Verfasser weisen zudem darauf hin, daß es eine einheitliche Definition nicht gibt. Gemein ist den meisten Definitionen jedoch die Kernaussage, daß es sich um ein organisationsinternes[9] Netzwerk auf der Basis standardisierter Internettechnologie handelt.

Nach einer allgemeinen Vorbemerkung zu Rechnernetzwerken soll diese spezielle Technologie eingehender beschrieben werden, um ihre besondere Relevanz für die Schaffung innerbetrieblich wie global einheitlich arbeitender Netzwerke deutlich zu machen.

---

[2] Transmission Control Protocol/Internet Protocol.
[3] Kern, Thomas: Intranet - der elektronische Geleiseanschluß, in: Der Organisator, 85(1996)10, S. 50.
[4] Hypertext Transfer Protocol/Hypertext Markup Language.
[5] Eigene Übersetzung nach: Jovin, Diana: Modern tools, in: Internet World, 7(1996)7, S. 36.
[6] World Wide Web.
[7] Eigene Übersetzung nach: Cortese, Amy: Here comes the intranet, in: Business Week, vom 26.02.1996, S. 46.
[8] Knierim, Uwe: Intranet - Meilenstein oder Modewort?, in: Global Online, o.Jg.(1997)1, S. 40.
[9] Die Bezeichnung 'organisationsintern' erscheint angebrachter als der häufig benutzte Terminus 'firmenintern', da Intranets nicht nur in Wirtschaftsunternehmen, sondern auch in Behörden, Krankenhäusern, Instituten etc. sinnvoll implementiert werden können.

2.2 Geschlossene Systeme

2.2.1 Die Client-Server-Architektur

In einem Computernetzwerk sind in der Regel zwei Kategorien von Rechnern miteinander verbunden: ein oder mehrere Server und eine beliebige Anzahl Clients. Dabei greifen die Client-Rechner über das Netz auf die leistungsstärkeren Server zu und machen sich so deren Rechenleistung, Speicherkapazität oder dort verfügbare Daten zunutze. Ein Anwendungsprogramm in einer Client-Server-Umgebung wird in zwei Teile aufgespalten. Der Client bildet die Schnittstelle zum Benutzer auf dem lokalen Rechner und wird auch als *Frontend* bezeichnet. Der Server ist der Backend-Teil des Anwendungsprogrammes und bearbeitet die Anfragen der Clients.[10] Die Begriffe *Client* und *Server* werden daher sowohl für die Rechner verwendet, als auch für entsprechend arbeitende Software wie Web-Browser (Client) oder Web-Server[11] oder aber für das Gesamtsystem aus Rechner und Software.[12]

Im Unterschied zu diesen serverbasierten Netzen mit dedizierten Servern verteilen sich in Peer-to-Peer-Netzen die Server-Dienste auf eine oder mehrere Workstations, die diese zusätzlich zu ihren lokalen Diensten anbieten, so daß ein und derselbe Rechner sowohl als Client als auch als Server fungiert.[13]

Verbindet man nun die Server mehrerer Netze miteinander, so erhält man einen Netzverbund, der die Grundstruktur des Internet darstellt.

Auch in vielen Unternehmen sind im Laufe der Jahre verschiedene Netze unabhängig voneinander aufgebaut worden, die nun aus organisatorischen und wirtschaftlichen Gründen zusammengeschlossen werden sollen. Basieren diese Netze auf herstellerspezifischen Technologien, die zu anderen Produkten inkompatibel sind, spricht man von *geschlossenen Systemen.*[14] Eine Verbindung solcher geschlossener Systeme ist jedoch keinesfalls trivial, da diese sich in ihrer Funktionsweise zum Teil gravierend unterscheiden.

---

[10] Vgl. Davidson, Robert P.; Muller, Nathan J.: Internetworking LANs: Operation, Design, and Management, Boston/London 1992, S. 63-67.

[11] Vgl. Loshin, Peter: TCP/IP for Everyone, Boston u.a. 1995, S. 8.

[12] Vgl. o.V.: http://www.netwerker.de/glossar/clieserv.htm, 12.03.1997.

[13] Vgl. Davidson, Robert P.; Muller, Nathan J.: a.a.O., S. 63.

[14] Vgl. Kerner, Helmut: Rechnernetze nach OSI, 1. Auflage, Bonn u.a. 1992, S. 25.

2.2.2 Heterogene Netzwerke

Es gibt eine Vielzahl von Möglichkeiten, ein Netz zu gestalten. Je nachdem, welcher Kommunikationsbedarf besteht, installieren Anwender Hochgeschwindig-
keitsnetze, die jedoch räumlich begrenzt sind, oder langsamere Netze, die große
Distanzen überbrücken.[15] Solche Netze werden entsprechend ihrer geographischen
Ausdehnung als LAN, MAN oder WAN[16] bezeichnet. Entscheidender ist jedoch
die Heterogenität bezüglich der verwendeten Technologie, die natürlich auch mit
der Größe des Netzes zusammenhängt.

So sind LANs auf Ethernet-Basis am weitesten verbreitet. In der Entwicklung sind
zur Zeit Gigabit-Ethernets, also lokale Netze mit einer Übertragungsrate von 1000
Mbit/s. Im WAN-Bereich ist neben ISDN[17] ATM[18] eine der möglichen Varianten
mit einer Transferrate bis zu 622 Mbit/s. ATM ist darüberhinaus auch LAN-taug-
lich.[19]

Allein im Bereich lokaler Netze gibt es aber schon eine große Vielfalt. Technolo-
gisch unterscheiden sie sich hinsichtlich Übertragungsmedium (Koaxial-, Glasfa-
serkabel u.a.), Topologie, Zugangsmethode, Betriebssystemen und Protokollen.[20]

Bezüglich der *Netztopologie*, also der Vernetzungsstruktur der einzelnen Rechner,
unterscheidet man z.B. Bus- (Ethernet), Ring- (Token-Ring) und Sternstruktu-
ren.[21]

Hinsichtlich der *Zugangsmethode* differenziert man danach, nach welchem Prin-
zip die Rechner Daten ins Netz legen. Bei Token Passing z.B. kreist ein Leerpa-
ket, das Token, im Netz, und nur derjenige Rechner, der im Besitz des Tokens ist,

---

[15] Vgl. Comer, Douglas E.: Internetworking with TCP/IP: Principles, Protocols, and Architecture, Englewood Cliffs, New Jersey 1988, S. 1.
[16] LANs (Local Area Networks) beschränken sich i.d.R. auf ein Gebäude oder Grundstück (z.B. ein Cam-
pusnetz), MANs (Metropolitan Area Networks) decken Bereiche bis zur Größe einer Stadt ab; WANs
(Wide Area Networks) haben eine beliebige Ausdehnung und im Unterschied zu LANs i.d.R. weder einen
zentralen Betreiber, noch eine feste Struktur hinsichtlich ihrer Übertragungsmedien, vgl. Tanenbaum,
Andrew S.: Computer-Netzwerke, 2. Auflage, Attenkirchen 1992, S. 25-27.
[17] Integrated Services Digital Network.
[18] Asynchronous Transfer Mode.
[19] Vgl. Müller, Franz: Ausblick auf Gigabit-Ethernet, in: Gateway, o.Jg.(1997)2, S. 30.
[20] Vgl. Davidson, Robert P.; Muller, Nathan J.: a.a.O., S. 36.
[21] Vgl. ebenda, S. 37.

hat das Recht zu senden.[22] Bei CSMA/CD,[23] das im Ethernet verwendet wird, 'hört' ein sendewilliger Rechner das Netz darauf ab, ob es frei von Datenpaketen ist. Ist dies der Fall, beginnt er, Daten zu senden. Beginnen zwei Rechner gleichzeitig mit der Übertragung, kommt es zu einer Kollision. Dann brechen beide den Vorgang ab, und jeder startet nach einer zufälligen Wartezeit einen neuen Versuch.[24] Es würde viel zu weit führen, näher auf die einzelnen Technologien einzugehen. Diese Ausführungen sollen lediglich einen Eindruck davon vermitteln, wie grundverschieden Netzwerktechnologien arbeiten können. Entscheidend ist die Feststellung, daß diese Netzwerktypen nicht ohne weiteres miteinander kombinierbar sind.

Ein weiteres Hindernis bei der Verbindung zweier Netze entsteht dann, wenn unterschiedliche *Betriebssysteme* zum Einsatz kommen, wie z.B. MS-DOS,[25] Unix oder NeXTStep, so daß Inkompatibilität auch dann entsteht, wenn beide Netze ansonsten identisch sind.

Einige Netzwerkarchitekturen wie z.B. DECnet, SNA[26] oder AppleTalk (Macintosh)[27] arbeiten streng mit herstellerabhängigen, proprietären *Protokollen*. Dies schränkt die Netzkompatibilität stark ein. Um diese trotzdem miteinander verbinden zu können, werden sogenannte *Standardprotokolle* implementiert.

2.3 Netzwerkverbindungen

2.3.1 Standardprotokolle

Standardprotokolle ermöglichen die Integration sowohl mehrerer geschlossener Systeme als auch verschiedener Betriebssysteme innerhalb eines Netzwerkes zu einer Verbindung offener Systeme. Jeder Rechner kann dabei eine andere Systemsoftware verwenden, solange er nach den in den Protokollen festgelegten Re-

---

[22] Vgl. ebenda, S. 52.
[23] Carrier Sense Multiple Access with Collision Detection.
[24] Vgl. Davidson, Robert P.; Muller, Nathan J.: a.a.O., S. 43.
[25] Microsoft-Disk Operating System.
[26] DECnet ist eine Netzwerkarchitektur der Digital Equipment Corporation, SNA (Systems Network Architecture) eine Entwicklung von IBM.

geln und Definitionen arbeitet.[28] Der Aufbau eines solchen Standardprotokoll-satzes ist in idealtypischer Weise im OSI[29]-ISO[30]-Schichtenmodell dargestellt.

2.3.2 Das OSI-ISO-Schichtenmodell

Auf allen Systemen, die in einem Netzwerk kommunizieren sollen, wie Client- und Server-Rechner sowie Router und Gateways (siehe Abschnitt 2.3.3), muß geeignete Software installiert sein, um den Datentransfer zwischen zwei Rechnern zu regeln. Die hierbei zu bewältigende Aufgabe ist derart komplex, daß sie in Teilaufgaben zerlegt wird[31] - von der Festlegung der Reihenfolge, in der Bits übertragen werden, bis hin zum Format einer kompletten Mail.[32] Die Protokolle, in denen die Regeln zur Bearbeitung dieser Aufgaben formal beschrieben sind, werden entsprechend als Low-Level- bzw. High-Level-Protokolle bezeichnet.[33] Aus dieser Bezeichnung geht bereits hervor, daß die einzelnen Protokolle hierar-chisch, also in verschiedenen Ebenen, angeordnet sind. Ihre Gesamtheit wird da-her auch als Protokollstapel oder -stack bezeichnet.[34]

Als Referenzmodell zur Entwicklung solcher Standardprotokolle wurde von der International Standards Organisation (ISO) das OSI-Reference Model erarbeitet. Es soll die komplizierte Interaktion zwischen offenen Systemen übersichtlich ma-chen und dadurch deren Entwurf und Implementierung erleichtern.[35] Das Modell besteht aus sieben Schichten, von denen jede genau umrissene, für beide kommu-nizierenden Systeme gemeinsame Teilaufgaben übernimmt. Jedes Modul verwen-det die Dienste des darunterliegenden und unterstützt das darüberliegende Mo-dul.[36] Die Grundidee dieses Schichtenprinzips ist, daß Schicht n des Zielrechners exakt das Objekt erhält, das Schicht n des sendenden Rechners abgeschickt hat.[37]

---

[27] Vgl. Davidson, Robert P.; Muller, Nathan J.: a.a.O., S. 193.
[28] Vgl. Krol, Ed: Die Welt des Internet, 1. Auflage, Bonn 1995, S. 577.
[29] Open Systems Interconnection.
[30] International Standards Organisation.
[31] Vgl. Schönleber, Claus; Keck, Cornelius: InterNet Handbuch, Poing 1995, S. 24.
[32] Vgl. Krol, Ed: a.a.O., S. 577.
[33] Vgl. Comer, Douglas E.: Internetworking with TCP/IP..., a.a.O., S. 336.
[34] Vgl. Tanenbaum, Andrew S.: a.a.O., S. 34.
[35] Vgl. Kerner, Helmut: a.a.O., S. 28.
[36] Vgl. ebenda, S. 29.
[37] Vgl. Comer, Douglas E.: Internetworking with TCP/IP..., a.a.O., S. 110.

Eine solche modulare Aufteilung erleichtert die Wartung und Entwicklung von neuen Netzwerkprotokollen.[38] Einzelne Protokolle lassen sich austauschen, und solange die Schnittstelle zu anderen Protokollen unverändert bleibt, sind dort keine Modifikationen nötig.[39] Voraussetzung dazu ist, daß die Schnittstellen zwischen den Schichten bekannt und definiert sind.[40]

Abb. 1: Der Weg der Daten durch den OSI-Protokollstack auf zwei kommunizierenden Endsystemen

ENDSYSTEM 1   ENDSYSTEM 2

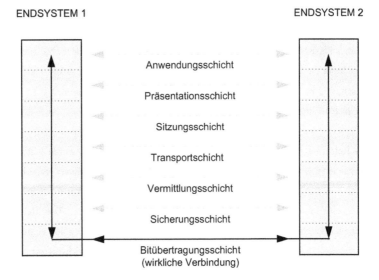

Anwendungsschicht

Präsentationsschicht

Sitzungsschicht

Transportschicht

Vermittlungsschicht

Sicherungsschicht

Bitübertragungsschicht
(wirkliche Verbindung)

Quelle: Eigene Erstellung in Anlehnung an Schönleber, Claus/ Keck, Cornelius: InterNet Handbuch, Poing 1995, S. 26

Die niedrigste Schicht liegt auf der Netzwerkebene, die höchste Schicht auf der Ebene der Anwendungsprogramme, die auf beiden Rechnern scheinbar direkt miteinander kommunizieren, was in Abbildung 1 durch die unterbrochenen Pfeile zwischen den oberen sechs Schichten dargestellt ist. Sollen nun Daten zwischen Programmen auf zwei entfernten Rechner ausgetauscht werden, so durchlaufen sie

---

[38] Vgl. Köhntopp, Kristian: Einheitliche Sicht, in: c't, o.Jg.(1993)3, S. 232.
[39] Vgl. Schönleber, Claus; Keck, Cornelius: a.a.O., S. 36.
[40] Vgl. Köhntopp, Kristian: a.a.O., S. 232.

auf der Senderseite den Protokollstapel von oben nach unten. Dabei wird der Datenstrom, den die Anwendersoftware abgibt, in Pakete zerlegt und schließlich in kleine Bitströme aufgelöst. In dieser Form werden die Daten auf der untersten Ebene zum Zielrechner transportiert und durchlaufen dort wieder den Protokollstack von unten nach oben (siehe Abb. 1). Dieselben Protokolle, die auf dem Quellsystem Dateneinheiten von den darüberliegenden Schichten empfangen, aufteilen, mit Informationen wie z.b. der Zieladresse versehen, in einen protokolleigenen 'Umschlag' stecken und nach unten weitergeben, empfangen auf dem Zielsystem Daten von unten, 'packen sie aus', lesen die Informationen, fügen die Daten entsprechend zusammen und geben sie nach oben weiter, bis sie dem dortigen Anwendungsprogramm im entsprechenden Format zur Verfügung gestellt werden.[41] Abbildung 2 illustriert diesen Vorgang der Dateneinkapselung am konkreten Beispiel der Internet-Protokolle TCP/IP.

Bei der folgenden Beschreibung der wichtigsten Spezifikationen der verschiedenen Ebenen[42] des OSI-Modells wird exemplarisch der Weg der Daten von der höchsten zur untersten Ebene dargestellt.

- Anwendungsschicht - 7: Auf der obersten Schicht befinden sich die Anwendungsprogramme, die über das Netz kommunizieren, also z.b. Mail-Programme, FTP[43]- oder Web-Anwendungen. Diese Anwendungen befinden sich - wie angesprochen -, aufgeteilt in Frontend- bzw. Backend-Teile, jeweils auf der Anwendungsschicht der Client- bzw. Server-Rechner und tauschen Daten aus, z.b. indem ein E-Mail-Server dem Client auf dessen Anfrage hin neu eingegangene E-Mails übermittelt, der diese dann auf dem lokalen Rechner darstellen kann.

- Darstellungsschicht - 6: In dieser Schicht wird definiert, wie Daten aussehen müssen, die transportiert werden sollen. Zur Umwandlung werden verschiedene Standardroutinen eingesetzt, z.b. zur Text-Komprimierung oder zur Umwandlung von Graphiken in Bitströme.

- Kommunikationsschicht - 5: Die Kommunikationsschicht ist zuständig für den Aufbau, die Aufrechterhaltung und die Beendigung einer Verbindung. Da es

---

[41] Vgl. Loshin, Peter: a.a.O., S. 23-26.
[42] Vgl. Davidson, Robert P.; Muller, Nathan J.: a.a.O., S. 225-227 und Comer, Douglas E.: Internetworking with TCP/IP..., a.a.O., S. 106 sowie Kerner, Helmut: a.a.O., S. 32-33.

sich in paketorientierten Netzwerken nicht um dedizierte Verbindungen handelt, bei denen alle Daten den gleichen Weg vom Quell- zum Zielsystem gehen (siehe Abschnitt 2.4.1), bedeutet dies, daß Anfang und Ende einer Sendung markiert werden. Darüberhinaus handelt die Kommunikationsschicht den Kommunikationsmodus aus: entweder wechselseitig (halb-duplex) oder gleichzeitig in beide Richtungen (voll-duplex).

- Transportschicht - 4: Die Transportschicht zerlegt den von der Anwendungsebene ausgehenden Datenstrom in Pakete und sorgt für den zuverlässigen Datenaustausch, indem sie zwischen Quell- und Zielrechner Bestätigungen über die übermittelten Pakete versendet und kontrolliert, auch wenn solche Kontrollen schon auf niedrigeren Ebenen stattgefunden haben. Auf Empfängerseite sorgt die Transportschicht dafür, daß die Pakete in der richtigen Reihenfolge zu einem Datenstrom zusammengefügt werden.

- Vermittlungsschicht - 3: Die aus der Transportschicht kommenden Pakete werden hier zur Vermeidung von Staus evtl. in kleinere Pakete aufgeteilt und dann mit der Adresse des Zielrechners versehen.

- Sicherungsschicht - 2: Hier werden die aus der Vermittlungsschicht übernommenen Einheiten in sogenannte Rahmen mit netzwerkspezifischen Formaten[44] gefaßt. Diese Rahmen werden beispielsweise im Ethernet von speziellen Ethernetkarten generiert und enthalten Abschnitte der von der untersten Schicht erzeugten Bitströme, deren Grenzen die Sicherungsschichten der beiden kommunizierenden Rechner erkennen. Über die so 'eingerahmten' Bits wird eine Prüfsumme gebildet, mit deren Hilfe die korrekte Übertragung kontrolliert wird. Danach werden entsprechende Bestätigungen ausgetauscht.

- Bitübertragungsschicht - 1: Die unterste Schicht umfaßt die eigentlichen mechanischen und elektrischen Schnittstellen, die den Rechner mit dem Übertragungsmedium verbinden, also z.B. Netzadapter. Die Bitübertragungsschicht kümmert sich um die Erzeugung und Übertragung physikalischer Signale in Form von elektrischen Impulsen. Erst hier findet also ein realer Austausch einzelner Bits statt.

---

[43] File Transfer Protocol.
[44] Z.B. existiert für jede Netztechnologie eine Maximum Transfer Unit (MTU), die die maximale Länge von Datenpaketen festlegt, vgl. Comer, Douglas E.: Internetworking with TCP/IP..., a.a.O., S.68.

Da jede Schicht nur für die ihr zugewiesenen Aufgaben verantwortlich ist, kann z.b. Schicht 3 unter Zuhilfenahme der Dienste der Schichten 1 und 2 mit Schicht 3 der Gegenstelle kommunizieren, ohne sich um Einzelheiten der Datenübertragung kümmern zu müssen.[45]

2.3.3 Physische Verbindungen

Neben den protokollarischen, d.h. softwaretechnischen Vereinheitlichungen müssen bei der Verbindung mehrerer Netzwerke auch physische Überbrückungen installiert werden. Dazu wird neben den schon genannten Client- und Serverrechnern, im folgenden auch Quell- und Zielrechner oder nur Hosts genannt, ein weiterer Rechnertyp nötig, die Zwischensysteme.[46] In Abhängigkeit davon, auf welcher Schicht des OSI-Referenzmodells diese Zwischensysteme arbeiten, erfüllen sie unterschiedliche Funktionen. Je höher die Schicht, auf der die Systeme zur Anwendung kommen, desto vielseitiger ist ihre Funktionalität. Entsprechend werden sie aber auch komplexer, teurer und langsamer, da die Daten im Extremfall alle Schichten durchlaufen müssen.[47] An dieser Stelle sollen nur die für die Diskussion von Standardprotokollen und für das Verständnis der Arbeitsweise des Internet wichtigen Zwischensysteme erläutert werden. Systeme der OSI-Schicht 1 (Repeater) sowie der Schicht 2 (Bridges) werden nicht weiter betrachtet.

Gateways
Rechner, die eine Verbindung zwischen zwei Netzwerken schaffen, welche auf der dritten oder einer höheren Schicht des OSI-Modells unterschiedliche Protokolle verwenden, bezeichnet man als *Gateways*.[48] In der Praxis finden sie daher z.B. Verwendung bei Verbindungen zwischen dem Internet, das IP (siehe Abschnitt 2.4.2) auf der Vermittlungsschicht verwendet, und einem herstellerspezifischen Netz, das ein eigenes Protokoll einsetzt.[49] Darüberhinaus können Gateways sogar Daten zwischen unterschiedlichen Protokollen auf den Anwendungsschichten übertragen, also zwischen normalerweise inkompatiblen Applikationen,

[45] Vgl. Köhntopp, Kristian: a.a.O., S. 232.
[46] Vgl. Zitterbart, Martina; Schmidt, Claudia: Internetworking: Brücken, Router und Co., 1. Auflage, Bonn 1995, S. 3.
[47] Vgl. Kerner, Helmut: a.a.O., S. 452-453.
[48] Vgl. ebenda, S. 452.

wie z.b. zwischen zwei Mailprogrammen, die jeweils eigene Dateiformate verwenden.[50] In diesem Zusammenhang werden sie auch als Protokollwandler bezeichnet.[51]

Gateways können also theoretisch bis zu je sieben OSI-Schichten zweier völlig heterogener Netzwerke enthalten.[52] In der Praxis jedoch erweist sich der Versuch, eine transparente Verbindung völlig heterogener Netze auf diesem Wege zu schaffen, aus verschiedenen Gründen als nicht praktikabel oder nachteilig:

Es gibt Protokolle, die nur innerhalb eines bestimmten Protokollsatzes unterstützt werden, so daß es kein Pendant in der Protokollsuite auf der anderen Seite des Gateways gibt.[53]

Doch selbst wenn gleichartige Protokolle auf beiden Seiten existieren, wie z.b. für den Transfer von E-Mails, so sind diese oft so unterschiedlich konzipiert, daß eine verlustfreie Konvertierung nicht möglich ist.[54] Damit wird die Möglichkeit, firmenweit Software-Tools einzusetzen, die auf proprietären Protokollen basieren (z.B. eigene Mail- oder News-Protokolle), eingeschränkt.

Auch die Netzperformance leidet, da Gateways im Vergleich zu anderen Zwischensystemen einen geringen Datendurchsatz haben.

Unter ökonomischen Aspekten sprechen die hohen Anschaffungskosten gegen eine Installation von Gateways. Darüberhinaus muß man zum Betrieb unterschiedlicher Netze für jeden Netztyp einen eigenen Administrator bereithalten, und auch bei der Administration der Gateways entsteht zusätzlicher Aufwand.[55] Alle diese Punkte sind umso gewichtiger, je größer die Anzahl unterschiedlicher Netze wird.

Die Implementierung von Standardprotokollen in den zu verknüpfenden Netzen bietet sich also an, weil diese im Gegensatz zu Gateways einen nahtlosen Übergang ohne Informationsverlust ermöglichen und zudem weitaus geringere Kosten verursachen.

---

[49]   Vgl. Loshin, Peter: a.a.O., S. 58.
[50]   Vgl. Krol, Ed: a.a.O., S. 572.
[51]   Vgl. Tanenbaum, Andrew S.: a.a.O., S. 390.
[52]   Vgl. Kerner, Helmut: a.a.O., S. 452.
[53]   Vgl. Newsgroup-Korrespondenz, Anhang A, S. 71.
[54]   Vgl. ebenda, S. 70.
[55]   Vgl. ebenda, S. 72.

Router

Router arbeiten auf der Vermittlungsschicht und verwenden die von den jeweiligen Netzen dort eingesetzten Protokolle.[56] Im Gegensatz zu Gateways können
Router nur Netze verbinden, die auf der Vermittlungsschicht dieselben Protokolle
verwenden. Auf den beiden untersten Schichten können sie hingegen unterschiedlich sein.[57]

Da alle im Internet zusammengeschlossenen Netze auf der Vermittlungsschicht
einheitlich IP verwenden, sind Router typische Verbindungssysteme zwischen verschiedenen IP-Teilnetzen dieses globalen Netzes,[58] wie dies in Abbildung 3 dargestellt ist.

Ein Rechner in einem der Teilnetze kann *direkt* nur mit den Rechnern im eigenen
Teilnetz kommunizieren. Alle anderen Rechner erreicht er über Router.[59] Router
erfüllen also die zentrale Aufgabe, für ein Datenpaket den optimalen Weg durch
einen Netzverbund vom Quell- zum Zielsystem zu finden (siehe Abschnitt 2.4.3).

Router können Multitaskingrechner sein, auf denen Serverprogramme laufen.[60]
Meistens sind Zwischensysteme jedoch dedizierte Rechner, die keine Anwen-
dungsprozesse unterstützen.[61] Da Router oft auch als Sicherheitssysteme (Firewalls) fungieren, empfiehlt sich deren physische Trennung von den Datenservern.

2.4 Architektur und Standards des Internet

2.4.1 Paketorientierte Netzwerke

Grundlage des ARPANET,[62] des Vorläufers des Internet, war die Idee, ein *ausfall-*
tolerantes Datennetz zu schaffen, d.h., daß die Funktionalität auch bei einem

---

[56] Vgl. Davidson, Robert P.; Muller, Nathan J.: a.a.O., S. 153.
[57] Vgl. Kerner, Helmut: a.a.O., S. 450-451.
[58] Vgl. Zitterbart, Martina; Schmidt, Claudia: a.a.O., S. 6.
[59] Vgl. Kuri, Jürgen: Da geht's lang!, in: c't, o.Jg.(1997)6, S. 380.
[60] Vgl. Füller, Klaus: Lernen aus dem Netz, in: c't, o.Jg.(1997)3, S. 305.
[61] Vgl. Zitterbart, Martina; Schmidt, Claudia: a.a.O., S. 3.
[62] Das US-amerikanische Verteidigungsministerium begann im Jahre 1969 mit dem Aufbau des ARPANET
      (Advanced Research Projects Agency Network), vgl. Davidson, Robert P.; Muller, Nathan J.: a.a.O., S.
      200.

Teilausfall des Netzes aufrechterhalten bleibt.[63] Statt Datenströme über eine fest-
stehende Verbindung, wie man sie z.b. im Telefonverkehr nutzt, zu senden, werden die Daten in Pakete aufgeteilt, über Router weitergeleitet und am Ziel wieder
zusammengesetzt.[64] Bei diesem *verbindungslosen* Datentransport können Datenpakete, die zu demselben Datensstrom (z.B. eine Text-Datei) gehören, unterschiedliche Wege durch das Netz gehen.[65] Das Internet ist also kein leitungs-, sondern ein *paketorientiertes Netzwerk.*[66] Neben der Ausfallsicherheit hat dieses Netz
den Vorteil, daß die Datenleitungen mehreren Nutzern gleichzeitig zur Verfügung
stehen und so optimal genutzt werden.[67] Bei festen, sogenannten *dedizierten* Verbindungen dagegen steht die gesamte Leitungskapazität nur den zwei verbundenen
Kommunikationsteilnehmern zur Verfügung, selbst wenn diese gar keine Daten
austauschen.[68]

2.4.2 Der TCP/IP-Protokollstack

Als die ISO im Jahre 1983 das OSI-Referenzmodell zum internationalen Standard
machte,[69] hatte sich im Laufe der Jahre im Betrieb des ARPANET ein eigener
Satz von herstellerungebundenen Protokollen herausgebildet, der im selben Jahr
zum Standard auf diesem Netz wurde[70] und bis heute trotz des konzeptionell bes-
seren OSI-Modells im ständig wachsenden Internet Verwendung findet, da er aus-
gereifter und weniger komplex ist:[71] Der TCP/IP-Protokollstack, benannt nach den
beiden wichtigsten Protokollen.

Alle im Internetbetrieb gültigen Standards werden in einem permanenten Entwick-
lungsprozeß vom IAB (Internet Architecture Board) beschlossen[72] und sind in den
RFC[73] festgelegt und dokumentiert.[74] Da es sich um eine offene Protokollfamilie

---

[63]   Vgl. Schönleber, Claus; Keck, Cornelius: InterNet Handbuch, Poing 1995, S. 18.
[64]   Vgl. Comer, Douglas E.: Internetworking with TCP/IP..., a.a.O., S. 12.
[65]   Vgl. ebenda, S. 67.
[66]   Vgl. Krol, Ed: a.a.O., S. 26.
[67]   Vgl. Comer, Douglas E.: Internetworking with TCP/IP..., a.a.O., S. 12.
[68]   Vgl. Tanenbaum, Andrew S.: a.a.O., S. 150.
[69]   Vgl. Hutchison, David: Local Area Network Architectures, Wokingham u.a. 1988, S. 23.
[70]   Vgl. Davidson, Robert P.; Muller, Nathan J.: a.a.O., S. 200.
[71]   Vgl. Krol, Ed: a.a.O., S. 21.
[72]   Vgl. ebenda, S. 19.
[73]   Die RFC (Request For Comments) können z.B. unter der URL http://www.faqs.org/rfcs/rfc-index.html,
       24.04.1997 eingesehen werden.
[74]   Vgl. Comer, Douglas E.: The Internet Book, Englewood Cliffs, New Jersey 1995, S. 58.

handelt, können bestehende Standards überarbeitet und verbessert werden und neue hinzukommen.

Auch viele Unternehmen, die die Entwicklung des OSI-Standards nicht abwarten wollten, fingen an, TCP/IP auf großen Netzwerken unterschiedlichen Typs einzusetzen,[75] und haben im Lauf der Zeit ihre Netzwerkbetreuer im Umgang mit diesen Protokollen geschult. Da mittlerweile immer mehr öffentliche und vor allem private Netzwerke mit diesem De-Facto-Standard betrieben werden und kein zwingender technischer Grund besteht, auf OSI-Protokolle zu wechseln, ist davon auszugehen, daß TCP/IP seine Dominanz im Bereich offener Protokollstandards noch weiter ausbauen wird.

TCP/IP umfaßt eine Vielzahl von Protokollen. So gibt es z.b. alternativ zu TCP verwendbare Transportprotokolle wie UDP,[76] anwendungsspezifische Protokolle (siehe Absatz *Die Anwendungsschicht*) oder auch spezielle Routingprotokolle (siehe auch Abschnitt 2.4.3). Hier soll nur die Arbeitsweise der beiden namensgebenden Hauptprotokolle skizziert werden, um zu verdeutlichen, wie TCP/IP die Loslösung von der Netzhardware und damit das für Unternehmen so wichtige Zusammenwirken unterschiedlicher Netzwerke ermöglicht.

In Analogie zum OSI-Schichtenmodell kann man eine TCP/IP-Implementierung auf einem Netzwerk als 4-Schichtenmodell darstellen.[77]

Die Anwendungsschicht

Hier sind die obersten drei Ebenen des OSI-Modells zusammengefaßt. Da es von der Kompatibilität der Protokolle und Anwendungen höherer Ebenen abhängt, ob der empfangende Host die Nachricht verstehen kann,[78] setzt jede Art von Anwendung - in der Internetterminologie auch als *Dienst* bezeichnet - auf dieser Ebene ein spezielles, standardisiertes Protokoll ein: SMTP[79] für den Transport von E-Mails, FTP für den Dateitransfer, HTTP für die Übertragung Hypertext-basierter

---

[75] Vgl. Davidson, Robert P.; Muller, Nathan J.: a.a.O., S. 199-200.
[76] Das User Datagram Protocol ist weniger aufwendig konzipiert als TCP und kann nur sehr kleine Datenpakete unzuverlässig transportieren. Es wird daher von Diensten benutzt, die den vollen Funktionsumfang von TCP nicht benötigen, wie z.B. das Domain Name System (siehe Abschnitt 2.4.4).
[77] Vgl. Comer, Douglas E.: Internetworking with TCP/IP..., a.a.O., S. 107.
[78] Vgl. Davidson, Robert P.; Muller, Nathan J.: a.a.O., S. 201.
[79] Simple Mail Transfer Protocol.

Dokumente,[80] NNTP[81] für den Austausch von Newsgroup-Beiträgen usw. Der Client auf dem lokalen Rechner ist der für den Benutzer sichtbare Teil der Anwendung. Hier erfolgt z.b. die Eingabe eines Paßwortes oder die Präsentation von Dokumenten.

TCP/IP-Anwendungen kommunizieren auf dieser Schicht in Client-Server-Paaren,[82] wie z.b. ein Web-Server mit einem Web-Browser (Client), indem sie die Transportdienste der unteren Schichten nutzen. Dazu tauschen die Anwendungsprogramme Daten mit dem Transportprotokoll TCP aus.

Die Transportschicht und das Transmission Control Protocol

Das Transmission Control Protocol (TCP) ist ein verbindungsorientiertes Protokoll und entspricht weitgehend der Funktionalität der vierten Schicht des OSI-Modells.[83] Während sich IP auf der darunterliegenden Internetschicht um die Übermittlung von Datenpaketen von einem Netzknoten zum anderen kümmert, stellt TCP eine zuverlässige Ende-zu-Ende-Verbindung her, also eine Verbindung zwischen den Anwendungsprozessen auf dem Quell- und dem Zielsystem.[84]

Auf der Senderseite zerlegt TCP den vom Anwendungssprogramm eingehenden Bytestrom in einzelne Nachrichten (Segmente) und gibt diese an die Internetschicht weiter.[85] Analog dazu leitet TCP auf dem Zielrechner Daten, die von IP geliefert wurden, weiter zum entsprechenden Prozeß auf dem empfangenden Host, also auf die Anwendungsebene. Da das Anwendungsprogramm, für das die Daten bestimmt sind, mit den Teilstücken nicht arbeiten kann, stellt TCP sicher, daß Segmente, die aufgrund unterschiedlicher Wege durch das Netzwerk in veränderter Reihenfolge ankommen, wieder in der ursprünglichen Abfolge zu einem Datenstrom zusammengefügt werden. Die Einhaltung der Reihenfolge wird durch die Numerierung der Segmente gesichert. Treffen Segmente in falscher Reihenfolge

---

[80]   Hypertext-Dokumente werden im Wold Wide Web, dem populärsten Internet-Dienst verwendet.
[81]   Network News Transfer Protocol.
[82]   Vgl. Loshin, Peter: a.a.O., S. 17.
[83]   Vgl. Köhntopp, Kristian: a.a.O., S. 234.
[84]   Vgl. Davidson, Robert P.; Muller, Nathan J.: a.a.O., S. 201.
[85]   Vgl. Tanenbaum, Andrew S.: a.a.O., S. 53.

ein, so werden die Vorhandenen zurückgehalten, bis die Fehlenden eingetroffen sind.[86]

Weil IP keine zuverlässige Datenübertragung garantieren kann, tauscht TCP Bestätigungen über angekommene Segmente aus, deren Unversehrtheit anhand einer Prüfsumme kontrolliert wird. Bleibt eine solche Bestätigung über ein Segment aus oder ist dieses beschädigt, wird es erneut verschickt.[87]

Die von TCP gebildeten Segmente, die aus Rohdaten der Anwendungsschicht bestehen, werden vor der Weitergabe an die Vermittlungsschicht eingekapselt, sozusagen in einen Umschlag gesteckt, und mit einem Vorspann versehen, der schichtspezifische Informationen enthält, wie z.b. die Nummer des Segments oder die Prüfsumme.[88] Eine solche Einkapselung findet auf jeder der unteren drei Schichten statt (siehe Abb. 2).

Bei der Ankunft auf dem Zielrechner wird dieser Prozeß umgekehrt: Der Vorspann wird vom Protokoll erkannt, ausgewertet und entfernt. Auf diese Weise liegen die Daten auf den korrespondierenden Schichten des sendenden und des empfangenden Rechners in einheitlicher Form vor und sind mit allen Informationen versehen, die die Protokolle der jeweiligen Schicht zur Bearbeitung der Datenpakete benötigen.[89]

---

[86] Vgl. Davidson, Robert P.; Muller, Nathan J.: a.a.O., S. 201-202.
[87] Vgl. ebenda, S. 213.
[88] Vgl. Loshin, Peter: a.a.O., S. 24.
[89] Vgl. ebenda, S. 26.

Abb. 2: Der Prozeß der Dateneinkapselung in einem TCP/IP-Netzwerk

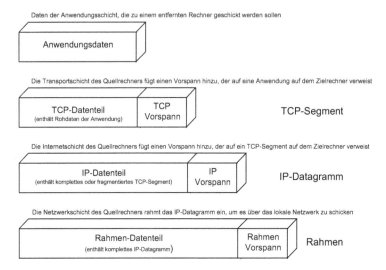

Quelle: **Eigene Erstellung in Anlehnung an Loshin, Peter: TCP/IP for Everyone, Boston u.a. 1995, S. 25**

Außerdem reguliert TCP die Geschwindigkeit, mit der das Quellsystem Daten sendet, um einen optimalen Datendurchsatz der benutzten Netzwerke zu erreichen, ohne einen Stau zu erzeugen, der den Verlust von Datenpaketen bedeuten würde.[90] Im Unterschied zum OSI-Modell findet auf niedrigeren Schichten keine zuverlässige Übertragungskontrolle statt, so daß dies alleinige Aufgabe der Transportschicht ist.[91]

Die Internetschicht und das Internet Protocol
Das Internet Protocol (IP) ist Teil der Internetschicht und als das zentrale Protokoll von wesentlicher Bedeutung für die Fähigkeit von TCP/IP, den Datenverkehr über heterogene Netze hinweg einheitlich zu behandeln.
IP ist im Unterschied zu TCP nicht verbindungsorientiert und nicht zuverlässig, was die tatsächliche Ankunft und die Unversehrtheit der Pakete betrifft.[92] Es behandelt die Pakete losgelöst voneinander und ohne Beachtung einer Reihenfolge.[93]

---

[90]   Vgl. Davidson, Robert P.; Muller, Nathan J.: a.a.O., S. 213.

Seine Hauptaufgabe ist der Transport von Datenpaketen zwischen zwei Maschinen, also zwischen zwei Stationen auf dem Weg vom Quell- zum Zielsystem,[94]
das als *Routing* bezeichnet wird (siehe Abschnitt 2.4.3). Dazu versieht IP die von
TCP übernommenen Segmente mit weltweit einheitlichen und eindeutigen Adressen, den IP-Adressen, die bei der Konfiguration eines jeden Rechners in einem
TCP/IP-Netzwerk vergeben werden.[95]

Die zweite wichtige Funktion von IP ist eine weitere Fragmentierung der Segmente (und die Zusammensetzung der Fragmente), insofern dies nötig ist, um den
Anforderungen der Sicherungsschicht des jeweils benutzten Netzwerkes gerecht
zu werden.[96] Z.B. unterstützt ein Token-Ring-LAN Datenpakete bis zu einer Größe von 4500 Bytes, X.25-WANs dagegen für gewöhnlich nur 128 Byte große Pakete.[97]

Ein Rechner, der ein solches IP-Datagramm bzw. ein Fragment davon erhält, er-
kennt an der Adresse, ob das Paket für ihn bestimmt ist und entsprechend zur
Weiterverarbeitung an die Transportschicht übergeben werden soll.[98] Anderenfalls
wird er es ignorieren oder, wenn es sich um einen Router handelt, an das nächste
Teilnetz auf dem Weg zum Zielnetz weiterleiten[99] (siehe Abschnitt 2.4.3).

Wie in Abbildung 2 zu sehen, wird das von TCP erzeugte und eventuell von IP
weiter fragmentierte Segment einschließlich seines Vorspanns von IP eingekapselt
und mit einem eigenen, Internetschicht-spezifischen Vorspann versehen. Dieser
enthält unter anderem die IP-Adresse des Quell- und Zielsystems.[100]

Die Netzwerkschicht

Die Netzwerkschicht umfaßt die verwendete Netzhardware und entspricht den
OSI-Schichten 1 und 2. Da TCP/IP über den unterschiedlichsten Netzen imple-
mentiert sein kann, ist es kein Protokollsatz, der diese Hardware direkt versteht.[101]
Entsprechend gibt es auch keine universellen TCP/IP-Protokolle auf den unteren

---

[91] Vgl. Comer, Douglas E.: Internetworking with TCP/IP..., a.a.O., S. 109.
[92] Vgl. ebenda, S. 67.
[93] Vgl. Loshin, Peter: a.a.O., S. 120.
[94] Vgl. Tanenbaum, Andrew S.: a.a.O., S. 53.
[95] Vgl. Loshin, Peter: a.a.O., S. 61.
[96] Vgl. ebenda, S. 120.
[97] Vgl. Davidson, Robert P.; Muller, Nathan J.: a.a.O., S. 203.
[98] Vgl. Loshin, Peter: a.a.O., S. 119.
[99] Vgl. ebenda, S. 133.
[100] Vgl. ebenda, S. 24.

Ebenen, da dort nur der Verkehr auf einem konkreten Teilnetz mit eigener Technologie bis zum nächsten Zwischensystem befördert wird.[102] Folglich bietet jede Netzwerkschicht der Internetschicht einen Dienst an, der von Host zu Host und Netz zu Netz anders implementiert sein kann, aber nach oben transparent ist.

Jede Technologie wie Ethernet oder Token-Ring verwendet auf der Sicherungsschicht (nach OSI-Terminologie) ein eigenes Adressierungsschema, meist 48-Bit-Adressen.[103] Zu vielen dieser Netzwerke gehören daher Protokolle, die die (virtuellen) Internet-Adressen in die tatsächlichen Hardwareadressen der kommunizierenden Rechner umwandeln,[104] die auf den Netzwerkkarten eines jeden Hosts fest gespeichert sind.[105]

Während IP-Datagramme also von der Software bearbeitet werden, werden die Datenpakete, die auf der Netzwerkschicht ausgetauscht werden, direkt von der Hardware, d.h. von den Netzwerkkarten, erkannt.[106] Auch auf dieser Ebene werden die von der Internetschicht kommenden Datagramme zu einem netzwerkspezifischen Rahmen eingekapselt, dessen Datenteil das IP-Datagramm samt Vorspann enthält (siehe Abb. 2). Der Vorspann des Rahmens wiederum enthält unter anderem die Hardwareadresse des Zielrechners[107] des benutzten Teilnetzes sowie den Rahmentyp,[108] der anzeigt, welches Protokoll das darin enthaltene Datagramm auf seiner Schicht verwendet. Durch die Unterscheidung des Protokolltyps kann ein Host verschiedene Protokollsätze gleichzeitig benutzen. Diese Möglichkeit spielt in einem nicht reinen Intranet eine Rolle. So kann ein Host z.B. neben TCP/IP auch über ein proprietäres Protokoll wie IPX/SPX[109] von Novell mit anderen Rechnern kommunizieren, auf denen ebenfalls dieses Protokoll implementiert ist. In diesem Fall würde der Rahmentyp nicht IP als verwendetes Protokoll ent-

[101] Vgl. Köhntopp, Kristian: a.a.O., S. 232.
[102] Vgl. Loshin, Peter: a.a.O., S. 19.
[103] Vgl. Stevens, W. Richard: TCP/IP Illustrated, Volume 1, Reading, Massachusetts 1994, S. 53.
[104] Vgl. Loshin, Peter: a.a.O., S. 19.
[105] Vgl. Kuri, Jürgen: a.a.O., S. 388.
[106] Vgl. Comer, Douglas E.: Internetworking with TCP/IP..., a.a.O., S. 68.
[107] Der Zielrechner kann in diesem Fall das nächste Zwischensystem, z.B. ein Router, sein, wenn das Paket noch nicht im Zielnetz angekommen ist, oder der Host, für den die Daten bestimmt sind, wenn er sich im selben LAN befindet.
[108] Vgl. Loshin, Peter: a.a.O., S. 24.
[109] IPX (Internetwork Packet eXchange) wird in Novell-Netzen analog zu IP auf der dritten OSI-Schicht eingesetzt, SPX (Sequenced Packet Exchange) ist das Pendant zu TCP.

halten, sondern IPX, und daher an die Novell-eigene Protokollfolge übergeben werden statt an IP, TCP und dann an das Anwendungsprotokoll.[110]

Aufgrund der Tatsache, daß das TCP/IP-Modell keine separate Beschreibung der beiden untersten Schichten beinhaltet, sondern erst mit IP auf die Sicherungsschicht der vorhandenen Netzwerke aufsetzt, ist es im Gegensatz zum klar gegliederten OSI-Modell als Referenz zur Diskussion von Computernetzen wenig geeignet.[111] Bei der Entwicklung von TCP/IP stand vielmehr der praktische Nutzen im Vordergrund.

Die Internetschicht verbirgt Hardwaredetails der verschiedenen darunterliegenden Netzwerkschichten vor den darüberliegenden Schichten,[112] indem sie - wie beschrieben - spezifisch formatierte Hardwareadressen unterschiedlicher Netztypen durch einheitliche IP-Adressen ersetzt und die Größe der Datenpakete durch Fragmentierung den jeweiligen Netzwerkbedingungen anpaßt. Sie stellt damit die erste Abstraktionsschicht von einem konkreten Netzwerk dar.[113] In dieser Verschleierung der Netzwerktechnologie liegt die entscheidende Eigenschaft von Standardprotokollen[114] wie TCP/IP, da sie zusammen mit den physischen Verbindungen den Zusammenschluß einer großen Zahl völlig unterschiedlicher Netze zu einem einheitlichen Netz ermöglichen. Die größte derartige Verbindung ist das Internet.

2.4.3 Routing von IP-Datagrammen

IP-Adressen sind 32-Bit-Adressen,[115] die in vier Abschnitte zu je acht Bit unterteilt sind. Sie bestehen aus einem Teil, der das konkrete Teilnetz des Internet spe-

---

[110] Vgl. Loshin, Peter: a.a.O., S. 107.
[111] Vgl. Tanenbaum, Andrew S.: a.a.O., S. 60.
[112] Vgl. Schönleber, Claus; Keck, Cornelius: a.a.O., S. 36.
[113] Vgl. Köhntopp, Kristian: a.a.O., S. 233.
[114] Vgl. Comer, Douglas E.: Internetworking with TCP/IP..., a.a.O., S. 31.
[115] Da der Adreßraum durch das enorme Wachstum des Internet bald schon zu klein sein wird, wird IPv6 (Internet Protocol version 6), der Nachfolger der bisherigen Version des IP, mit 128-Bit-Adressen arbeiten, vgl. Loshin, Peter: a.a.O., S. 372.

zifiziert, in dem sich der Zielrechner befindet, und einem anderen Teil, in dem die Adresse des Zielrechners explizit genannt ist.[116]

Entscheidungen bezüglich des Routings von IP-Datagrammen werden immer auf der Basis der Netzwerkadressen getroffen, bis das Paket im entsprechenden Teilnetz angekommen ist. Erst dann wird die Adresse des Zielrechners benötigt, um innerhalb des Zielnetzes das Paket zuzustellen.[117] Haben Absender und Empfänger die gleiche Netzwerkadresse, so wird das Paket direkt an den Zielrechner im lokalen Netz übermittelt. Ist dies nicht der Fall, wird das Paket an einen Router geschickt.[118] Dieser verbindet das Subnetz mit einem anderen Teilnetz und leitet Pakete über die Netzgrenze hinaus weiter. Der Router empfängt dann den entsprechenden Rahmen der Netzwerkschicht, dessen Vorspann die Hardware-Adresse seiner Netzwerkkarte enthält, und packt das darin enthaltene IP-Datagramm aus, in dessen Vorspann er wiederum die IP-Adressse des Zielrechners findet.[119] Anschließend berechnet er mittels Routing-Algorithmen unter Zuhilfenahme von Routing-Tabellen den optimalen Pfad durch das Netz. Das Paket wird dann zur Netzwerkschicht zurückgegeben und zum nächsten Knotenpunkt auf diesem Pfad weitergeleitet.[120] Dieser Prozeß ist in Abbildung 3 veranschaulicht.

Die durchgezogenen Pfeile markieren den Weg der Daten zwischen zwei Endsystemen, die sich in unterschiedlichen, über einen Router verbundenen Teilnetzen befinden. Die Routingtabellen enthalten lediglich Informationen über die Verbindungsstruktur der Teilnetze des Internet[121] und deren Netzwerkadresse, also keine konkreten Hostadressen. Sie werden ständig aktualisiert, indem benachbarte Router mit Hilfe eigener Routingprotokolle untereinander Informationen über die Verfügbarkeit von Wegen austauschen, neue Routen festlegen und bestimmen, welche Routen die geeignetsten für bestimmte Pakete sind.[122]

---

[116] Vgl. Köhntopp, Kristian: a.a.O., S. 233. Als Beispiel sei genannt: Die Adresse 136.199.240.140 entspricht der 32-Bit-Zahl 10001000.11000111.11110000.10001100, wobei die ersten beiden Abschnitte (136.199) die Netzwerknummer der Universität Trier darstellen und der Rest eine bestimmte Host-Nummer in diesem Netz.
[117] Vgl. Comer, Douglas E.: Internetworking with TCP/IP..., a.a.O., S. 81.
[118] Vgl. Loshin, Peter: a.a.O., S. 127-128.
[119] Vgl. ebenda, S. 59.
[120] Vgl. ebenda, S. 28.
[121] Vgl. Comer, Douglas E.: Internetworking with TCP/IP..., a.a.O., S. 81.
[122] Vgl. Kuri, Jürgen: a.a.O., S. 382.

Abb. 3: **Datenaustausch zweier Endsysteme in verschiedenen TCP/IP-Teil-netzen am Beispiel einer FTP-Anwendung**

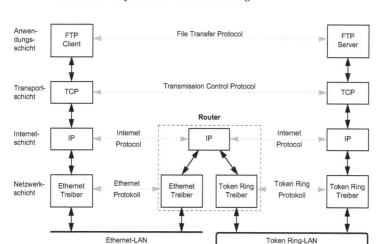

Quelle: Eigene Erstellung in Anlehnung an Stevens, W. Richard: TCP/IP Illustrated, Volume 1, Reading, Massachusetts 1994, S. 5

2.4.4 Das Domain-Name-System (DNS)

In Internet-Anwendungen werden normalerweise statt der numerischen IP-Adressen Klartextadressen wie *uni-trier.de* verwendet. Jeder Teil dieser Adresse wird als Domain bezeichnet, wobei *.de* eine übergeordnete oder Top-Level-Domain ist. Der Vorteil dieses Domainsystems ist, daß es das Internet in leicht zu handhabende Bereiche aufteilt.[123] Um die obengenannte Adresse zu ermitteln, fragt ein Rechner zunächst bei seinem lokalen DNS-Server nach dieser Adresse. Kennt dieser sie nicht, weil sie nicht zu dem Teil des Internet gehört, für dessen Adress-Verwaltung er zuständig ist, wendet er sich an einen Root-Server, der die Adressen der Name-Server für die einzelnen Top-Level-Domains enthält.[124] Der entsprechende de-Server kennt dann die Adresse des uni-trier-Servers, der wiederum alle unter dieser Domain existierenden Adressen verwaltet. Das DNS ist also ein

---

[123] Vgl. Krol, Ed: a.a.O., S. 38.
[124] Vgl. ebenda, S. 36.

verteiltes Online-Informationssystem[125] für IP-Adressen, das allen Rechnern im Internet als eigener Dienst zur Verfügung steht. Da im DNS nur sehr kleine Datenpakete - die Adressen der Domains - transportiert werden, gehört es zu den Diensten, die nicht auf TCP, sondern auf das einfachere UDP als Transportprotokoll aufsetzen.

---

[125] Vgl. ebenda, S. 34.

3 Implementierung der Internettechnologie in betrieblichen Netzwerken

3.1 Komponenten und Struktur eines Intranets

3.1.1 Basiskomponenten

Gemäß der Kerndefinition sind zu einem Netzwerk verbundene Rechner, die mittels TCP/IP kommunizieren, die grundlegenden Elemente eines Intranets. Die einfachste Form eines Intranets besteht demnach aus einem TCP/IP-Netz und einem Dienst und seinem speziellen Protokoll, das auf das Transportprotokoll aufsetzt. Entsprechend benötigt man einen Server, der einen beliebigen Intranet-Dienst anbietet - z.b. einen Mail-Server - und Client-Rechner, die mit den adäquaten Client-Programmen ausgestattet sind, um auf den Server zugreifen zu können. Für die Dienste E-Mail, Newsgroup, FTP und WWW werden in der Regel Web-Browser als universelle Intranet-Clients eingesetzt.

In kleinen, singulären Intranets, die keine Verbindung nach außen oder zu anderen Teilnetzen haben, beinhaltet der Router nur eine einfache Routing-Tabelle, die automatisch erstellt werden kann.[126]

Ein weiterer wichtiger Bestandteil ist ein DNS-Server, um statt der unhandlichen numerischen Adressen Klartextadressen verwenden zu können, an denen einfacher deren organisatorische Bedeutung erkennbar ist. Darüberhinaus gibt es keine Dienste, die zwingend mit dem Begriff *Intranet* verbunden sind, sofern man ihn an der technischen Definition ausrichtet (siehe dazu Abschnitt 3.5).

Unterschiedliche Serverprogramme und die Routing-Software können auch auf einem gemeinsamen, zentralen Server-Rechner installiert werden, wenn dessen Kapazitäten dafür ausreichen. Eine physische Trennung erhöht jedoch die Ausfallsicherheit.

3.1.2 Weitere Komponenten

In einem ausgebauten Intranet kann eine Vielzahl von Diensten angeboten werden. Als Basis dienen dabei die klassischen Internetanwendungen, die für Intranets unverändert übernommen werden können. Im folgenden sollen die aus Anwendersicht wichtigsten Intranet-Server-Komponenten beschrieben werden, die direkt auf den Protokollen dieser Anwendungen basieren, aber weitergehende Funktionalitäten bieten. Mail-, News- und Multimediaserver, die Audio- und Videodaten bereitstellen, sowie Applikationsserver, die z.b. Java-Programme enthalten können, werden an dieser Stelle nicht gesondert unter technischen Gesichtspunkten erwähnt. Die Bedeutung der damit verbundenen Dienste aus der Anwendungsperspektive werden jedoch in Kapitel 4 diskutiert.

Das gleiche gilt für FTP-Server, die als Softwarepool Verwendung finden, wie für alle anderen gängigen Internet-Dienste, die grundsätzlich auch im Intranet genutzt werden können, beispielsweise Telnet.

Web-Server

Das WWW, das auf dem HTTP-Protokoll basiert, ist zwar nur einer von vielen Internet-Diensten, nimmt aber aufgrund seiner audiovisuellen Gestaltungsmöglichkeiten, die es insbesondere für die kommerziellen Internetanbieter attraktiv gemacht haben, eine Sonderstellung im Internet ein.[127] Im Intranet beruht seine besondere Bedeutung zudem auf der Tatsache, daß sich der Web-Server im Zusammenspiel mit einem WWW-Browser als Kommunikations-Frontend für Informationen und Dienste einsetzen läßt, die auf unterschiedlichen Servern angeboten werden. So können nicht nur statische HTML-Dokumente, die auf einem Web-Server abgelegt sind, vom Client angefordert werden (siehe Abschnitt 4.1.1), sondern man kann über eine Web-Seite, die Querverweise (Links) zu anderen Serversystemen beinhaltet, wie z.B. einem FTP-Server, auch auf diese zugreifen, ohne einen eigenen (FTP-) Client zu installieren. Als Beispiel sei eine Web-Seite der Universität Trier genannt, die es ermöglicht, über den Netscape-Browser auf FTP-Server zuzugreifen und mittels FTP Daten auf den lokalen Rechner zu übertragen. Auf die gleiche Weise sind dort Gopher und andere Dienste nutzbar.[128]

Eine für Intranets wichtigere und charakteristische Option ist jedoch die Einbindung externer Datenbanken, die Daten in eigenen Formaten vorhalten. In diesem

---

[126] Vgl. Gralla, Preston: How intranets work, New York 1996, S. 25.
[127] Vgl. Bubiak, Ulrich: Effektive Suche im Internet, Cambridge u.a. 1997, S. 29.
[128] Die URL der Seite lautet: http://www.uni-trier.de/server.html, 30.05.1997.

Fall fungiert der Web-Server als universelles Informationssystem, das mit einer Reihe heterogener Datenbanken verbunden sein kann. Der Dienst WWW wird dabei für den Benutzer zu einer einfach bedienbaren Schnittstelle, unabhängig davon, auf welche der angebundenen Datenbanken er zugreift.[129] Da der Server über das gesamte Netz zu erreichen ist, werden gleichzeitig auch alle an ihn angebundenen Datenbanken von jedem Arbeitsplatz und Unternehmensstandort aus erreichbar. Dazu kann ein Anwender mit dem Web-Browser ein speziell für die Abfrage konzipiertes HTML-Formular aufrufen, das als Eingabemaske dient. Die von ihm eingegebenen Suchkriterien werden als HTML-Dokument an den Web-Server geschickt. Dieser gibt die Benutzereingaben an eine externe Anwendung weiter, mit der er über eine Schnittstelle verbunden ist.

Die universellste Schnittstelle dieser Art ist das Common Gateway Interface (CGI), da es von den meisten Web-Servern unterstützt wird. Das CGI verbindet den Web-Server mit einem CGI-Programm, dessen Aufgabe es ist, die Benutzereingaben zu verarbeiten und weiterzugeben, den Zugriff auf die Bestandssysteme zu steuern und die proprietären Datenformate in HTML zu konvertieren.[130] Die durch das CGI-Programm aus der Datenbank gelesenen Informationen werden dann über die Schnittstelle zurück zum Web-Server gegeben, wo sie in eine HTML-Seite eingebunden werden, die dann auf dem Browser des Benutzers dargestellt wird.

Bei einer solchen Verwendung des WWW-Dienstes als Datenbankschnittstelle greift der Web-Server auf den Datenbank-Server zu und wird damit seinerseits zum Client. Diese dreireihige Client-Client-Server-Konstellation wird auch als 3-Tier-Architektur bezeichnet. Der Vorteil dieser Lösung liegt darin, daß im Gegensatz zur herkömmlichen Client-Server-Architektur (2-Tier-Architektur) nicht mehr für jede einzelne Datenbank spezielle Clients entwickelt und auf den Client-Rechnern verteilt werden müssen, da für den Zugriff auf alle (verschiedenen) Datenbanken der Web-Browser eingesetzt wird.[131] Daraus ergibt sich sowohl für das Systemmanagement eine erhebliche Erleichterung hinsichtlich der Einrichtung und Wartung der Einzelplatzrechner als auch für den Anwender durch eine universelle Benutzerschnittstelle.

---

[129] Vgl. Winkhardt, Willi: Datenweber, in: c't, o.Jg.(1996)3, S. 170.

[130] Vgl. Döge, Michael: Intranet: Einsatzmöglichkeiten, Planung, Fallstudien, 1. Auflage, Köln 1997, S. 81.

[131] Vgl. Resch, Jörg: Von der 2-Tier- zur 3-Tier-Architektur, in: NTJournal, o.Jg.(1997)3, S. 64.

Darüberhinaus integriert eine derartige Anwendung die unterschiedlichen Funktionalitäten von Web-Servern (das Verteilen statischer Dokumente im Netz) und von
Datenbankmanagementsystemen (die Verwaltung strukturierter Informationen und
die Generierung dynamischer Treffermengen).[132] Auf diese Weise können neben
den statischen HTML-Seiten, die auf einem Web-Server liegen, auch *dynamische*
Seiten erzeugt werden, die sich aus HTML-Bausteinen und den Datenbankinfor-
mationen zusammensetzen.[133]

Suchmaschinen

Mit der Einführung elektronischer Dokumentenverwaltung in einem Unternehmen
entsteht der Bedarf, gezielt und effizient auf die dort abgelegten Unterlagen zugreifen zu können. Oft entstehen im Laufe mehrerer Jahre unterschiedliche Datenbanksysteme und Archive mit eigenen Formaten und Zugangsschnittstellen, die
weit verstreut von einzelnen Abteilungen oder Filialen angelegt wurden. Hinzu
kommen interne Web-Server mit eigenen Dokumenten. Wird den Mitarbeitern
eine Internetanbindung zur Verfügung gestellt, so erweitert sich die Informati-
onsmenge zusätzlich um externe Server und Datenbanken.

Wie zuvor im Falle von Datenbankanbindungen an Web-Server können unter-
schiedlichste Archive wie CD-ROMs, Windows-Dateisysteme auf Einzel-PCs,
Datenbanken und Web- oder News-Server, die über ein Intranet eingebunden sind,
so an einer Stelle gebündelt und zu einem 'Unternehmensgedächtnis' zusammengefaßt werden. Der Zugang erfolgt auch hier meist über einen Web-Browser und
einen Server, der über spezifische Gateways auf die Textdatenbanken zugreifen
kann. Die eigentliche Suchmaschine befindet sich auch auf dem Server und ist für
die Indexierung und Sammlung von Dokumentendaten (Verfasser, Titel) und die
Interpretation der Anfragen und der darin enthaltenen Operatoren zuständig.[134]

Damit ähneln diese Systeme dem Internet-Dienst WAIS (Wide Area Information
Server), der für die Suche in Text- und Literaturdatenbanken im Internet konzipiert wurde. Der Vorteil von WAIS wie auch der Suchmaschinen im Intranet besteht darin, daß der Benutzer gleichzeitig in einer Vielzahl unterschiedlichster
Datenbanken über eine einheitliche Such- und Retrievaloberfläche recherchieren

---

[132] Vgl. Bager, Jo: Angebot und Abfrage, in: c't, o.Jg.(1996)6, S. 270.
[133] Vgl. Döge, Michael: a.a.O., S. 81.
[134] Vgl. Thiemann, Uwe: Die Suche bringt es an den Tag, in: Unix Open, o.Jg.(1997)6, S. 89-90.

kann,[135] statt sukzessive unterschiedliche Archive mit jeweils eigenen Bedienungsoberflächen zu durchsuchen. Gleichzeitig kann die Pflege der Datenbanken weiterhin lokal z.b. in den einzelnen Abteilungen erfolgen.

Von den gängigen Suchmaschinen im Internet unterscheidet die für den Einsatz in Unternehmen und damit in Intranets vorgesehenen Produkte die Tatsache, daß eine Vielzahl von Operatoren komplexe Abfragen und größere Treffergenauigkeit ermöglicht; darüberhinaus werden bis zu 200 Formate verschiedenster Anwendungen unterstützt, und es kann firmenweit, über verteilte Standorte hinweg sowie unternehmensübergreifend (z.b. im WWW) recherchiert werden.[136]

3.1.3 Intranets als geschlossene oder eingeschränkt offene Netzwerke

Intranets können sowohl als autonome, d.h. physisch abgeschlossene Netzwerke oder mit Zugang zum öffentlichen Internet betrieben werden. Die dritte Variante ist ein Intranet, auf das von außen ein begrenzter Zugriff durch autorisierte Personen möglich ist, wodurch nicht nur Zugriffe externer Mitarbeiter, sondern auch Business-to-Business-Anwendungen möglich werden. Für diese Ausprägung hat Netscape den Begriff *Extranet* geprägt.[137] Die umfassenden Implikationen von Extranets für unternehmensübergreifende Prozesse können an dieser Stelle nur vereinzelt angedeutet werden. Letztlich erleichtert ihre offene Technologie nicht nur die dauerhafte Kooperationen mit Kunden und Lieferanten, sondern ermöglicht die Bildung sich ständig neu konfigurierender Kooperationen mit einer Vielzahl wechselnder Partnerunternehmen, die sich aufgabenbezogen für kurze Zeit zu virtuellen Unternehmen zusammenschließen.[138]

Auch bei geschlossenen Intranets spielt die räumliche Ausdehnung keine Rolle. Sollen Intranets geographisch verteilter Standorte eines Unternehmens zu einem Verbund zusammengeschlossen werden, können Kopplungen über eine private Standleitung hergestellt werden, mit dem Vorteil, daß die verfügbare Leitungska-

---

[135] Vgl. Bubiak, Ulrich: a.a.O., S. 41.
[136] Vgl. Schröter, Hans Georg: Unternehmensgedächtnis bremst die Informationsflut, in: Frankfurter Rundschau, Nr. 108/20 v. 12.05.1997, S. 11.
[137] Vgl. Kius, René: Innerlich und außer sich, in: Screen Multimedia, o.Jg.(1997)6, S. 15.
[138] Vgl. Picot, Arnold; Reichwald, Ralf; Wiegand, Rolf T.: Die grenzenlose Unternehmung, Wiesbaden 1996, S. 393 ff.

pazität bekannt ist und geplant werden kann und eine Sicherung des Datenstroms gegen externe Zugriffe nicht nötig wird.[139]

3.2 Sicherheitssysteme

Für die uneingeschränkte Nutzung der Dienste und Infrastruktur des Internet ist dagegen eine transparente Verbindung des privaten Netzes mit dem Internet auf TCP/IP-Ebene nötig. Auf diese Weise sind die lokalen Rechner vom Internet aus erreichbar, was geeignete Schutzmaßnahmen unerläßlich macht. Dabei kann man zwei zentrale Sicherheitsaspekte unterscheiden:

- Schutz des Intranets oder einzelner Subnetze des Intranets vor unberechtigten externen Zugriffen (Firewalls)
- Schutz der Daten während des Transfers im öffentlichen oder lokalen Netz (Datenverschlüsselung)

3.2.1 Firewalls

Firewalls sind Kombinationen von Hardware und Software, die den Datendurchlaß zwischen einem Intranet und dem Internet oder auch zwischen verschiedenen Subnetzen des Intranets kontrollieren. Die Wirksamkeit von Firewalls hängt davon ab, mit welchen Systemen und in welcher Kombination diese verwirklicht werden. Im folgenden sollen die möglichen Systeme einzeln erläutert und daran anschließend skizziert werden, wie die gängigsten Firewall-Architekturen diese Komponenten zu einem Sicherheitskonzept kombinieren.

Screening Router

Wie in Abschnitt 2.3.3 beschrieben, werden Router als Zwischensysteme eingesetzt, um verschiedene IP-Teilnetze zu verbinden. Ein Router, der ein Intranet mit dem Internet verbindet, eignet sich natürlicherweise für die Installation eines Sicherheitssystems, da der gesamte Datenverkehr in beide Richtungen diese Schnittstelle passiert.[140]

Screening Router sind Router, die mit spezieller Software, sogenannten Paketfiltern, ausgestattet sind. Diese Filter enthalten Tabellen mit Daten über erlaubte und

---

[139] Vgl. Kyas, Othmar: Corporate Intranets, 1. Auflage, Bonn u.a. 1997; S. 45.

[140] Vgl. Gralla, Preston: a.a.O., S. 65.

unerlaubte Transaktionsmerkmale, insbesondere die IP-Adresse der beteiligten Rechner, die Richtung der Kommunikationsbeziehung und den gewünschten Dienst (z.b. FTP). Für jedes IP-Paket wird anhand dieser Parameter eine Zulässigkeitskontrolle durchgeführt, indem die Daten des IP- und des TCP-Vorspanns mit denen der Tabelle verglichen werden.[141] So können ganze Dienste (z.b. FTP) oder einzelne Intranet-Rechner (z.b. ein File-Server) im Filter als unzulässig festgelegt und von der Kommunikation mit Rechnern im Internet ausgeschlossen werden.[142]

Application Gateways

Application Gateways arbeiten nicht auf der Internet- und Transportschicht, sondern auf der Anwendungsebene. Dabei muß sich der Benutzer mit seinem Client zunächst gegenüber dem Gateway authentifizieren, wodurch im Gegensatz zum Screening Router nicht nur maschinen-, sondern auch benutzerspezifische Zugangsbeschränkungen möglich werden. Ist die Anfrage des Clients zulässig, übernimmt das Gateway für den Rechner im Intranet die Kommunikation mit dem externen Host.[143] Diese Stellvertretung wird auch als Proxy-Dienst bezeichnet. Auf diese Weise wird bei allen Kontakten zwischen Intranet und Internet nur die IP-Adresse des Proxy-Servers bekannt, da dieser immer stellvertretend für die internen Rechner agiert, während alle lokalen IP-Adressen nach außen unbekannt bleiben und nicht zum Zugriff von außen mißbraucht werden können. Für jeden Dienst müssen eigene Proxies im Application Gateway eingerichtet werden,[144] was den Vorteil hat, daß die Dienste getrennt voneinander behandelt werden und somit die Regelungen überschaubarer bleiben als bei einem Screening Router.[145]

Circuit Level Gateways

Eine dritte Möglichkeit stellen Circuit Level Gateways dar, die ebenfalls auf einem Proxy-Server laufen, aber auf der Ebene der Transportprotokolle arbeiten und anhand einer Tabelle die Zulässigkeit von Verbindungen (Circuits) statt einzelner

---

[141] Vgl. ebenda, S.73.
[142] Vgl. o.V.: http://www.cert.dfn.de/team/ue/fw/workshop/node4.html#SECTION00031000000000000000, 7.06.1997.
[143] Vgl. Kossel, Axel: Innere Sicherheit, in: c't, o.Jg.(1996)10, S. 332.
[144] Vgl. Döge, Michael: a.a.O., S. 91.
[145] Vgl. Kossel, Axel: Innere Sicherheit...a.a.O., S. 332.

Pakete prüfen.[146] Weil Circuit Level Gateways unabhängig von der jeweiligen Anwendung arbeiten, muß für neue Dienste keine eigene Proxy-Software eingerichtet werden, und auch für die Client-Programme entfällt eine entsprechende Anpassung an den zuständigen Proxy.[147]

Screening Router sind die günstigste Variante, da sie auf den schon vorhandenen Routern installiert werden. Außerdem ist die Verbindung für den Client über einen Screening Router (wie auch über ein Circuit Level Gateway) transparent, d.h. er nimmt beim Zugriff auf einen Server keinen Filter wahr, da er sich nicht authentifizieren muß. Nachteilig ist die fehlende Möglichkeit, alle Datentransfers zu protokollieren (Audit), wodurch unerlaubte Zugriffsversuche oft nicht erkannt werden.[148] Application Gateways wiederum benötigen einen leistungsfähigeren und damit teureren Host, da alle Pakete nicht nur bis zur Internetschicht (Screening Router) bzw. Transportschicht (Circuit Level Gateways), sondern bis zur Anwendungsebene hochgegeben werden müssen.[149] Die dadurch entstehende Möglichkeit, eine Benutzeridentifizierung vorzunehmen, ein umfassendes Audit und die Fähigkeit, einzelne Dienste getrennt auf einem Proxy zu behandeln, machen Application Gateways zum aufwendigsten, aber auch sichersten der drei vorgestellen Systeme.

Firewall-Architekturen

Der einfachste Realisation einer Firewall stellt die Trennung zweier Netze durch einen Screening Router dar. Werden Screening Router als einzige Sicherheitskomponente eingesetzt, so muß ein Eindringling lediglich den Paketfilter ausschalten oder eine Lücke in den Filterregeln entdecken, was mit wachsender Zahl der Rechner im Intranet wahrscheinlicher wird. Danach hat er Zugriff auf das gesamte interne Netz.[150] Daher werden üblicherweise mehrere Systeme miteinander kombiniert, in denen Screening Router als eine der Firewall-Komponenten eingesetzt

---

[146] Vgl. Döge, Michael: a.a.O., S. 91.

[147] Vgl. o.V.: http://www.intranet.co.uk/papers/secure/firesec.html, 7.06.1997.

[148] Vgl. o.V.: http://www.cert.dfn.de/team/ue/fw/workshop/node4.html#SECTION00031000000000000000, 7.06.1997.

[149] Vgl. o.V.: http://www.cert.dfn.de/team/ue/fw/workshop/node5.html#SECTION00032000000000000000, 7.06.1997.

[150] Vgl. o.V.: http://www.cert.dfn.de/team/ue/fw/workshop/node4.html#SECTION00031000000000000000, 7.06.1997.

werden. Die beiden häufigsten Konzepte sind *Screened Gateways* und *Dual Homed Gateways*. Ein Screened Gateway ist in der Regel ein Application Gateway, das wie alle anderen Rechner Teil des lokalen Netzes ist und durch einen Screening Router vom öffentlichen Netz abgeschirmt wird. Dieser ist so konfiguriert, daß er den gesamten Datenverkehr über dieses Gateway leitet und damit beide Netze logisch voneinander trennt. Diese doppelte Absicherung ermöglicht Zugangskontrollen auf der Ebene der IP-Pakete (Internetschicht) und auf der Anwendungsebene mit den oben beschriebenen Vorteilen. Dennoch bleibt ein wesentlicher Schwachpunkt bestehen: Wird die Konfiguration des Routers manipuliert und der Filter überwunden, ist wiederum eine Kommunikation am Gateway vorbei direkt mit lokalen Rechnern möglich. Diese Schwachstelle kann durch den Einsatz eines Dual Homed Gateways vermieden werden, das über separate Adapter für beide Netze verfügt, die damit physikalisch getrennt werden. Da eine Umgehung des Gateways nun nicht mehr möglich ist, sind beim Zugriff von außen sowohl der Router als auch das Gateway zu überwinden, was ein sehr hohes Maß an Sicherheit garantiert. Das so entstandene äußere Netz zwischen externem Router und Gateway kann dazu genutzt werden, um z.B. einen Server mit Produkt- und Unternehmensinformationen als Internet-Dienst zur Verfügung zu stellen, da dieser keine sensitiven Daten enthält.[151] Wird ein Gateway zusätzlich noch durch einen internen Screening Router gesichert, befindet es sich in einem eigenen Netz. Diese Firewall-Konstellation wird daher als *Screened Subnet* bezeichnet.[152]

3.2.2 Datenverschlüsselung

Das gebräuchlichste Datenverschlüsselungsverfahren ist das Public-Key-Verfahren. Zu diesem Verfahren gehört immer ein öffentlicher und ein privater Schlüssel, deren Verschlüsselungsalgorithmen in einer mathematischen Beziehung zueinander stehen, so daß Daten, die mit dem öffentlichen Schlüssel kodiert wurden, nur mit dem zugehörigen privaten Schlüssel dekodiert werden können und umgekehrt. Der Besitzer eines solchen Schlüsselpaares verteilt den öffentlichen Schlüssel unter seinen Kommunikationspartnern, die diesen für die Kodierung der

---

[151] Vgl. o.V.: http://www.cci.de/cci/its/fw-inf03.htm#klassifizierung, 7.06.1997.
[152] Vgl. o.V.: http://fw4.iti.salford.ac.uk/ice-tel/firewall/theory.html, 7.06.1997.

Nachrichten an den Besitzer verwenden. Mit dem privaten (geheimen) Schlüssel werden die erhaltenen Daten dann dekodiert.[153]

Um diese Verschlüsselungsverfahren auf Internet-Dienste anwenden zu können, wurden unabhängig voneinander zwei Sicherheitsprotokolle entwickelt: SSL (Secure Socket Layer), das eine zusätzliche Protokollschicht zwischen TCP/IP und den Anwendungsprotokollen bildet und daher allen Diensten als Sicherungsmechanismus dienen kann und S-HTTP (Secure HTTP), das speziell HTTP um kryptographische Funktionen erweitert.[154]

Virtual Private Networks (VPN) kombinieren die Mechanismen von Firewalls und Datenverschlüsselung. Auf einem VPN-Server, der an der Schnittstelle zwischen Intranet und Internet eingerichtet wird, werden die Zieladressen ausgehender Datenpakete anhand einer Liste von VPN-Adressen dahingehend überprüft, ob deren Zielnetzwerk ebenfalls über einen VPN-Server verfügt. Ist dies der Fall, wird das komplette IP-Datagramm mit dem zur Zieladresse gehörenden öffentlichen Schlüssel kodiert, als solches erneut mit einem IP-Vorspann versehen und dann auf herkömmliche Weise über das Internet geroutet. Da die Daten dabei von außen nicht zugänglich sind, entsteht ein virtueller, privater Kanal zwischen beiden Netzwerken (Tunneling).[155] Die Sicherheit teurer, privater Standleitungen kann so genutzt werden, ohne auf die günstige Infrastruktur des Internet und die hohe Flexibilität durch viele lokale Einwählknoten zu verzichten, um ein globales Intranet mit verschiedenen Teilnetzen zu betreiben oder Verbindungen mit anderen Unternehmen zu unterhalten.[156]

Digitale Signaturen werden durch eine Kombination von Verschlüsselungs- und Prüfsummenverfahren erstellt und gewährleisten die Echtheit der Urheberschaft und des Inhalts von Dokumenten.[157] Sie decken damit einen weiteren wichtigen Sicherheitsaspekt ab, sollen jedoch hier nicht näher erläutert werden.

---

[153] Vgl. ebenda, S. 132 ff.
[154] Vgl. Kyas, Othmar: a.a.O., S. 166.
[155] Vgl. Gralla, Preston: a.a.O., S. 119 ff.
[156] Vgl. Hills, Mellanie: Intranet Business Strategies, New York u.a. 1997, S. 220.
[157] Vgl. o.V.: http://www.fh-reutlingen.de/zentral/rz/install/pgp/funktion/digitale_signatur.html, 16.07.1997.

Obwohl die Sicherheitsdiskussion sich zumeist auf den Schutz von Intranets vor externen Zugriffen konzentriert, spielen alle angesprochenen Sicherheitsmechanismen auch für die Zugangskontrolle und den Datenaustausch *im* Intranet eine große Rolle, z.b. um einen Server mit Lohnabrechnungsdaten nur für die zuständige Abteilung oder bestimmte Personen zugänglich zu machen.[158] Ebenso kann der Zugriff von innen nach außen beschränkt werden, indem man bestimmte Internetadressen ausblendet oder aber alle Internetadressen mit Ausnahme einiger weniger Nummern für den betrieblichen Zugang sperrt.[159]

Die Verschlüsselungsverfahren können dazu genutzt werden, Paßwörter und anderes Datenmaterial, die intern häufig als Klartext übertragen werden, gegen den Zugriff durch Personen innerhalb des Netzes zu schützen.

3.3 Technologische und betriebswirtschaftliche Vorteile

Bei der Übertragung der Internettechnologie und der dazugehörigen Dienste auf unternehmensinterne Netzwerke ergeben sich im Vergleich zu bisherigen Client-Server-Umgebungen einige Intranet-spezifische Vorteile, die in diesem Abschnitt zusammenfassend erläutert werden sollen. Dabei werden schon einige anwendungsbezogene wie unternehmensstrategische Aspekte angesprochen, die in Kapitel 4 wieder aufgegriffen werden.

Überwindung der Heterogenität

Einer der essentiellen Vorteile der Internettechnologie liegt darin, daß die Heterogenität der Betriebssysteme und der Trägernetze - wie in Kapitel 2 beschrieben - überwunden wird.

Vor allem in größeren Unternehmen haben häufig einzelne Abteilungen oder neu akquirierte Unternehmensteile autonome Netzwerke mit unterschiedlichen Netzwerkarchitekturen aufgebaut und dabei diejenigen Rechner gewählt, die die jeweiligen Anwendungen am besten unterstützten, ohne an die spätere Notwendigkeit zu denken, das eigene Netz mit denen anderer Abteilungen zu verbinden. So mag zum Beispiel eine Abteilung für technische Dokumentation Macintosh-Rechner

---

[158] Vgl. o.V.: http://www.intranet.co.uk/papers/secure/firesec.html, 7.06.1997.

[159] Vgl. Mocker, Helmut; Mocker, Ute: Intranet - Internet im betrieblichen Einsatz, Frechen 1997, S. 84.

für das Desktop-Publishing einsetzen, die in einem AppleTalk-Netz laufen.[160] Durch die Verbindung dieser Insellösungen ist ein Datenaustausch über alle Netze hinweg und die gemeinsame Nutzung von Servern möglich, statt für jede Abteilung einen eigenen Server und somit redundante Daten zu halten. Dasselbe gilt für die Einbindung von Datenbanken und Textarchiven, die durch einen zentralen Zugriff für alle Netzteilnehmer verfügbar gemacht werden, wie in Abschnitt 3.1.2 beschrieben.

Auch auf der Anwendungsebene bringt die Internettechnologie eine Reihe einheitlicher Spezifikationen mit sich, z.b. für den Daten- und Mail-Austausch (FTP, SMTP) oder für Dokumentenformate (HTML).

Skalierbarkeit

Die Eigenschaft, daß Intranets um einzelne Komponenten (Dienste) erweitert werden können, bezeichnet man als *Skalierbarkeit.* Dies bringt zum einen den Vorteil mit sich, daß nur die Dienste implementiert werden müssen, die auch tatsächlich benötigt werden. Benötigt man nur Newsgroups und E-Mail, so können entsprechende Server eingerichtet werden. Im Unterschied zu fertigen Groupwarelösungen muß also kein technischer Overhead in Form von ungenutzten Funktionen übernommen werden, der höhere Kosten, eine aufwendigere Administration und eine unübersichtlichere Bedienung zur Folge hätte.

Zum anderen kann man die Vielfalt der Dienste schrittweise erhöhen und damit sowohl die Netzadministratoren als auch die Benutzer allmählich an den Umgang mit den Anwendungen gewöhnen, statt sie auf einmal mit der gesamten Funktionalität zu konfrontieren.

Ein quantitativer Skalierbarkeitseffekt ergibt sich aus der Tatsache, daß jedes IP-Teilnetz um beliebige neue Rechner erweitert werden kann. Durch die Vergabe der virtuellen IP-Adressen kann ein Paket ohne Kenntnis der Hardware-Adressen durch Internet und Intranet geschickt werden. Werden einzelne Rechner ausgetauscht oder hinzugefügt, so können sie nach Erhalt einer IP-Adresse mit allen anderen Rechnern sämtlicher angeschlossener IP-Netze einschließlich des Internet kommunizieren, unabhängig davon, um welchen Rechnertyp (PC oder Großrechner) es sich handelt, welches Betriebssystem sie benutzen und zu welchem Teil-

---

[160] Vgl. Davidson, Robert P.; Muller, Nathan J.: a.a.O., S. 141.

netz sie gehören. Intranets müssen daher nicht von vornherein unternehmensweit geplant werden, sondern können als Projekte auf Abteilungsebene begonnen und danach auf andere Bereiche ausgedehnt werden.[161] Im Falle plötzlicher Veränderungen innerhalb des Unternehmens kann die Netzwerkinfrastruktur schnell angepaßt werden.[162] Auch der Ausbau eines geschlossenen Intranets zu einem Netz mit Internet-Zugang und schließlich zum Extranet kann sukzessive vollzogen werden.

Implementations- und Betriebskosten

Ein Grund, der für die Verwendung von TCP/IP als Netzprotokolle spricht, ist die Tatsache, daß sie kostengünstig zu implementieren sind, da sie mit Hilfe öffentlicher Gelder entwickelt wurden und der Code daher Public Domain ist. Nicht zuletzt deswegen werden sie von praktisch allen Herstellern und Betriebssystemen unterstützt.[163]

Auch die leichte Verfügbarkeit von kostenloser Software wird häufig als großer ökonomischer Vorteil bei der Einrichtung von Intranets betrachtet. Allerdings gilt dies in erster Linie für sehr einfache Intranets, die sich auf die Benutzung der herkömmlichen Dienste beschränken, deren Client- und Serversoftware als Freeware verfügbar ist. Intranet-Web-Server müssen oft Anforderungen erfüllen, die freie Produkte nicht erfüllen, wie z.B. das gleichzeitige Bedienen vieler Clients.[164] So kann nach Ansicht von Kossel allein der Zukauf kommerzieller Intranet-Komponenten die Kosten für eine Komplettlösung wie Lotus Notes übersteigen.[165] Werden darüberhinaus komplexere Lösungen nötig, wie z.B. die Anbindung bestehender Datenbanken über CGI-Schnittstellen, die einen eigenen Programmieraufwand erforderlich machen, so können proprietäre Lösungen die günstigere Alternative darstellen, sofern sie die benötigten Schnittstellen standardmäßig beinhalten.

Werden mehrere Netze zu einem Intranet zusammengeschlossen, so kann redundante Datenhaltung und -verwaltung vermieden und so der Einsatz von Hardware und Personal optimiert werden. AT&T als einer der größten Intranet-Betreiber

---

[161] Vgl. Döge, Michael: a.a.O., S. 50.

[162] Vgl. Kyas, Othmar: Corporate Intranets, 1. Auflage, Bonn u.a. 1997, S. 63.

[163] Vgl. Davidson, Robert P.; Muller, Nathan J.: a.a.O., S. 200.

[164] Vgl. Szuprowicz, Bohdan O.: Intranets and Groupware: Effective Communications for the Enterprise, 1. Auflage, Charleston, South Carolina 1996, S. 11.

[165] Vgl. Kossel, Axel: Hausmannskost, in: c't, o.Jg.(1997)10, S. 300.

beziffert die so entstandenen Einsparungen auf ca. 30 Millionen US-Dollar pro Jahr.[166]

Plant ein Netzbetreiber, sein Netz mit dem Internet zu verbinden, so entfällt durch die Verwendung von TCP/IP im eigenen LAN die Einrichtung spezieller Gateways am Übergang zum öffentlichen Netz, womit erhebliche Einsparung verbunden sind.

Nutzung der Infrastruktur des Internet

Die Reichweite von Intranets ist nicht auf das LAN beschränkt, sondern von vornherein potentiell global, da TCP/IP im Gegensatz zu reinen LAN-Protokollen wie IPX/SPX von Novell LAN- *und* WAN-tauglich ist.[167] Damit entsteht auch die Option, weltweit den Zugriff auf das Intranet über lokale Einwählpunkte und damit zu niedrigeren Gebühren zu ermöglichen.[168]

Insbesondere kleinere Unternehmen mit mehreren (inter-)nationalen Standorten, die räumlich weit voneinander getrennt sind und dennoch vernetzt werden sollen, können das Internet zur Überbrückung nutzen, da es für sie meist unrentabel ist, ein landesweites, eigenes Netzwerk zu unterhalten.[169] Derzeit beschränkt sich die Nutzung des Internet als günstige Infrastruktur jedoch zumeist auf Anwendungen, die geringe Anforderungen an die Bandbreite stellen. Sollen dagegen große Datenmengen ausgetauscht werden, werden eigene Standleitungen nötig.

Investitionsschutz

Häufig wurden schon vor der Einrichtung eines Intranets Netzwerke betrieben, deren Infrastruktur nun genutzt werden soll.

Proprietäre Protokolle, die bisher in einem oder mehreren nun zusammengeschlossenen Netzen benutzt wurden, können weiterhin zum Betrieb der einzelnen Netze eingesetzt werden, da mehrere Protokolle parallel im Netz implementiert sein können.[170] Das erlaubt auch die Weiterverwendung von Anwendungsprogrammen, die auf herstellereigene Protokolle aufsetzen, jedoch nur innerhalb der Grenzen des jeweiligen Netzes. Reine Intranets, die sich meist bei Neu-

---

[166] Vgl. Hills, Mellanie: Intranet Business...a.a.O., S. 57.
[167] Vgl. Jordan, Jörg Peter: Große Nummern - die gute Adresse, in: NTJournal, o.Jg.(1997)3, S. 74.
[168] Vgl. Kyas, Othmar: a.a.O., S. 46.
[169] Vgl. Krol, Ed: a.a.O., S. 23.
[170] Vgl. Szuprowicz, Bohdan O.: a.a.O., S. 57.

gründungen von Netzen anbieten, planen laut der CW-Umfrage nur 11% der Befragten, die große Mehrheit dagegen zieht aus Gründen des Investitionsschutzes eine Multiprotokoll-Umgebung vor.[171] Auf die Einbindung bestehender Datenbanken und deren integrierte Nutzung wurde bereits hingewiesen.

Produktvielfalt und Verfügbarkeit von Know-How
Die weite Verbreitung von TCP/IP hat dazu beigetragen, daß für jede Anforderung eine große Auswahl an Anwendungsprogrammen entwickelt wurde, von denen viele frei verfügbar sind, wie z.b. Web-Browser, FTP-Clients, Telnet-Clients oder E-Mail-Programme. Ebenso wird man sich in Zukunft stets mit den neuesten Applikationen versorgen können. Neben einer großen Menge nicht-kommerzieller Software entstehen schon jetzt unter dem Konkurrenzdruck des Intranet-Marktes in kurzer Zeit vielfältige günstige Lösungen, die alle über der gleichen Technologie implementiert werden. Da ein Wechsel auf andere Produkte nicht mit der völligen Neuorganisation des Netzwerkes verbunden ist, ist man bei der Auswahl von Intranet-Software nicht vom Angebot eines einzigen Herstellers abhängig, dessen Produktentwicklung sich im Laufe der Zeit eventuell von den spezifischen Bedürfnissen des Unternehmens entfernt.[172] Gleiches gilt für Wartung und Service, der bei herstellerspezifischen Systemen sehr teuer sein kann.[173] Bei Implementierungen in unterschiedlichsten EDV-Umgebungen konnte im Lauf der Jahre viel praktische Erfahrung im Umgang mit TCP/IP gesammelt werden, so daß professionelle Hilfe und gute Literatur leicht verfügbar sind.

Neuere und künftige Standards
Intranet-Betreiber können auch auf der Ebene der Internetstandards davon profitieren, daß diese ständig den sich ändernden Anforderungen angepaßt werden, ohne daß für die Nutzer Kosten entstehen. Durch die Offenheit des Protokollsatzes können Netzprotokolle komponentenweise verbessert und implementiert werden. Die Erweiterung der derzeitigen Version von IP zu IPv6 wurde schon erwähnt (siehe Fußnote 115). Weitere Beispiele werden in Kapitel 4, insbesondere in Abschnitt 4.6, beschrieben.

---

[171] Vgl. Burghardt, Peter: a.a.O., S. 26.
[172] Vgl. Döge, Michael: a.a.O., S. 61.
[173] Vgl. praxisrelevantes Beispiel im Expertengespräch vom 18.06.1997, Anhang B, S. 78.

3.4 Schwachpunkte

Sicherheit

Es ist unbestritten, daß die angesprochenen Sicherheitssysteme keinen absoluten Schutz gewährleisten können. Den größten Nachteil an Intranets sahen die durch die Computerwoche im Jahre 1996 befragten IT-Manager daher auch in den Sicherheitsrisiken.[174] Dazu ist anzumerken, daß die Möglichkeit externer Angriffe kein systemimmanentes Risiko der Intranettechnologie darstellt, da - wie bei bisherigen LANs - externe Verbindungen auch über private Leitungen hergestellt werden können und die Internetnutzung somit eine zusätzliche, wenn auch wichtige Option darstellt. Es zeigt sich jedoch anhand von Erfahrungsberichten der CERT (Computer Emergency Response Team), daß mit den mittlerweile entwikkelten Firewallsystemen Lösungen bereitstehen, die eine solche Anbindung ohne Risiko ermöglichen.[175] Auch das bisherige Problem, daß das US-amerikanische Handelsrecht weder Import noch Export leistungsfähiger Verschlüsselungsverfahren erlaubt, wird noch im Jahre 1997 durch eine Änderung der Bestimmungen gelöst, so daß diese dann auch international uneingeschränkt eingesetzt werden können.[176]

Datenreplikation

Proprietäre Netzwerkanwendungen wie Lotus Notes verfügen über Replikationsmechanismen für die Synchronisation von Daten, die auf mehreren Servern gleichzeitig gelagert sind und dort unabhängig voneinander verändert werden. Indem die Server der einzelnen Standorte untereinander die Daten und Dokumente in bestimmten Abständen anhand von Zeitstempeln abgleichen, wird allen Benutzern der direkte, lokale Zugang zu den gleichen, konsistenten Informationen ermöglicht.[177] Im Falle eines zentralen Servers wäre dagegen für jede einzelne Abfrage der Aufbau einer WAN-Verbindung nötig. Die Internettechnologie beinhaltet keine derart ausgefeilte Replikation, da die Grundidee des Netzes darin besteht,

---

[174] Vgl. Burghardt, Peter: a.a.O., S. 24.
[175] Vgl. Expertengespräch vom 18.06.1997, Anhang B, S. 77.
[176] Vgl. Expertengespräch vom 18.06.1997, Anhang B, S. 76.
[177] Vgl. Weber, Volker: TANSTAAFL - Groupware oder Intranet?, in: c't, o.Jg.(1996)10, S. 320.

Daten von überall aus zugänglich zu machen, und damit ein für alle erreichbarer Server die gleichzeitige Datenhaltung an verschiedenen Orten obsolet macht.

In Intranets kann dagegen eine verteilte Datenhaltung von Vorteil sein, um die Netz- und Serverlast zu minimieren und die Zugriffsgeschwindigkeit zu optimieren.[178] Erst mit der verbreiteten Verwendung von Internettechnologie im LAN-Bereich wurde daher mit der Entwicklung entsprechender Komponenten begonnen.[179]

Echtzeitanwendungen

Ein weiterer Schwachpunkt liegt in der schlechten Eignung von TCP für Echtzeitanwendungen wie Videoconferencing und in der mangelnden Fähigkeit des Internet, Mehrpunkt-zu-Mehrpunkt-Kommunikation zu handhaben, was für Konferenz-Anwendungen mit mehreren Teilnehmern wichtig ist. Auch hier gibt es erste Lösungsansätze, die in Abschnitt 4.6.1 erläutert werden.

Gefährdung der Offenheit durch kommerzielle Interessen

Durch die enge technologische Verwobenheit von Internet und dessen LAN-Pendant wird die weitere Entwicklung von Intranets nicht zuletzt von der Herausbildung neuer Internet-Standards abhängen. Diese entstehen in einem langwierigen Prozeß, der allen Beteiligten die Möglichkeit gibt, Vorschläge einzubringen, die dann geprüft und frei diskutiert werden.[180] Das hat zur Folge, daß Hersteller versuchen, diesen Prozeß im Sinne ihrer Produktpolitik zu beeinflussen. Es erscheint daher fraglich, ob einheitliche Standards wie bisher frei von kommerziellen Interessen erarbeitet werden können.

Ein anderes Problem liegt darin, daß diese Hersteller die Verabschiedung neuer offizieller Internet-Standards nicht abwarten und die für sie unzureichenden bestehenden Spezifikationen um eigene Lösungen erweitern und somit den Weg der völligen Kompatibilität verlassen.[181]

---

[178] Vgl. ebenda, S. 320.
[179] Vgl. http://home.netscape.com/comprod/at_work/white_paper/intranet/vision.html, 20.05.1997.
[180] Vgl. Krol, Ed: a.a.O., S. 19.
[181] Vgl. Hüskes, Ralf: Netz der Mythen, in: c't, o.Jg.(1996)12, S. 256.

3.5 Technische versus funktionale Definition des Begriffes Intranet

Die Meinungen darüber, wie der Begriff *Intranet* definiert werden kann, gehen weit auseinander. Sie reichen von der technisch-puristischen Ansicht, daß nur ein reines TCP/IP-Netz ohne die gleichzeitige Verwendung anderer Protokolle dieses Attribut verdient, bis hin zur sehr allgemein gehaltenen Auffassung, daß jedes LAN als Intranet bezeichnet werden kann.[182] In diesem Abschnitt sollen zwei gleichermaßen begründbare Definitionsansätze gegenübergestellt werden.

Eine technisch orientierte Definition eines Intranets ergibt sich aus den in Abschnitt 3.1.1 erwähnten Basiselementen, die dann um einzelne Komponenten bis hin zum vollwertigen Intranet erweitert werden können. Dabei spielt es keine Rolle, in welcher infrastrukturellen Form, Anwendungskomplexität und geographischen Reichweite sie eingesetzt werden.

Solche Netze werden unter Unix, das als erstes Betriebssystem TCP/IP fest implementierte, schon seit längerer Zeit auch firmenintern betrieben, wenngleich die Zahl privater TCP/IP-Netze seit 1996 stark steigt. Legt man diese technische Definition zugrunde, so hat es demnach schon Intranets gegeben, bevor der Begriff in dieser Bedeutung eine weite Verbreitung gefunden hat.[183] Der Begriff wurde dann binnen kürzester Zeit zu einem Schlagwort, das es Unternehmen wie Netscape erleichterte, das Interesse privater Netzbetreiber für die Verwendung von Internettechnologie im LAN-Bereich wesentlich zu steigern. Auf diese Weise konnte zum einen ein neuer Markt für Client-Produkte auf der Basis von Internettechnologie wie z.B. Browser geschaffen werden;[184] zum anderen ergab sich die Möglichkeit, im Bereich der LAN-Produkte (Mail- und Web-Server, Groupware-Pakete) Fuß zu fassen, der bis dahin von anderen Herstellern wie Novell und Lotus dominiert war.

Dennoch ist es zu einfach, den Begriff *Intranet* lediglich als neuen Kunstbegriff für die Vermarktung einer beliebigen weiteren LAN-Technologie einzuordnen. Neben den technologischen Aspekten, deren Vor- und Nachteile bereits dargelegt

---

[182] Vgl. Expertengespräch vom 18.06.1997, Anhang B, S. 75.

[183] Im Zusammenhang mit Subnetzen des Internet spricht Comer schon im Jahre 1988 von Intranets, vgl. Comer, Douglas E.: Internetworking with TCP/IP..., a.a.O., S. 113.

[184] Im Bereich der Web-Software sind Client-Produkte das größte Marktsegment; ihr Umsatz lag bereits im Jahre 1995 bei geschätzten 185 Millionen US-Dollar, vgl. Szuprowicz, Bohdan O.: a.a.O., S. 164.

wurden, spielen aus betriebswirtschaftlicher Sicht die Anwendungen, die ein Intranet ermöglicht, eine wichtige Rolle. Aus dieser Perspektive ergibt sich ein
funktionaler Definitionsansatz, in dessen Mittelpunkt nicht die zugrundeliegende
Plattform steht, sondern die Integration der Dienste, die über einheitliche Schnittstellen ineinandergreifen sollen, statt nur parallel zueinander in demselben Netz
genutzt zu werden. Letztendlich bedeutet dies für den Anwender, daß das heterogene Gesamtsystem, bestehend aus unterschiedlichen Datenbanken und Diensten,
für den Benutzer transparent und über eine universelle Benutzeroberfläche zugänglich wird. Erweitert man dieses Konzept um die Einbeziehung des Internets,
so ist die ungehinderte und uneingeschränkte Navigation durch die betriebliche
und weltweite EDV-Umgebung der Kerngedanke des Intranets.

Die Möglichkeit, unterschiedliche Datenbanksysteme über einen Web-Server zu-
sammenzuführen, wurde bereits in Abschnitt 3.1.2 erläutert. Ansätze zur Konvergenz anderer Anwendungen werden in Kapitel Vier aufgegriffen.

Derzeit stellt sich die Mehrzahl der Intranets als ein wenig komplexes Netz dar,
das einen oder mehrere der klassischen, TCP/IP-basierten Internet-Dienste intern
nutzt. Häufig ist das primäre Ziel noch nicht, Arbeitsabläufe völlig zu verändern
und effizienter zu gestalten, sondern nur, erste Erfahrungen im Umgang mit der
Technologie und den Anwendungen zu sammeln.[185] Gleichzeitig wird das Thema
Intranet (noch) überwiegend Technologie-orientiert diskutiert. Außerdem spielt
zweifellos der Einfluß obengenannter Hersteller eine Rolle, die ein existentielles
Interesse daran haben, die Internettechnologie in den Mittelpunkt zu rücken. Mit
der Zunahme von betrieblichen Intranet-Implementationen und der wachsenden
Erfahrung und neuen Entwicklungen im Anwendungsbereich wird der funktionale
Aspekt an Bedeutung gewinnen und ein Intranet über seine Anwendungen und
deren Grad an Integration definieren. In letzter Konsequenz spielen dabei die zu-
grundeliegenden Protokolle keine entscheidende Rolle. So könnte man auch eine
proprietäre Lösung als Intranet bezeichnen, die nicht auf TCP/IP basiert, aber die
Diensteintegration bietet, die mit dem Begriff *Intranet* aus funktionaler Sicht verbunden ist.[186] Eine solche fiktive Variante würde die extreme Ausprägung des

---

[185] Diese Einschätzung bestätigt auch Haag, vgl. Expertengespräch vom 18.06.1997, Anhang B, S. 81.
[186] Vgl. Expertengespräch vom 18.06.1997, Anhang B, S. 74.

funktionalen Ansatzes darstellen und kann als Gegenstück zum reinen TCP/IP-Intranet angesehen werden.

Unabhängig von diesem theoretischen Definitionsstreit wird sich allerdings die Praxis weiterentwickeln. Dabei ist abzusehen, daß die Internetprotokolle und ihre Nachfolgeversionen schon allein wegen der Kompatibilität zum Internet die Basis auch für Intranets nach der funktionalen Definition bilden werden.

4 Betriebswirtschaftliche Aspekte

In Abschnitt 3.3 wurden bereits die wesentlichen Eigenschaften aufgeführt, in denen sich Intranets von konventionellen LANs unterscheiden. Die Abgrenzung bezog sich soweit auf diejenigen Veränderungen, die mit der besonderen Netzwerkarchitektur in Form des TCP/IP-Protokollsatzes und der erweiterten Infrastruktur (Datenbank- und Internetanbindungen) einhergehen.

Eine weitere Betrachtungsebene umfaßt die Verwendungsmöglichkeiten der über diesen Protokollen entstandenen Anwendungen und die Zusammenführung der darin verwendeten Medien wie Text, Graphiken, Audio und Video. Dieses Kapitel skizziert daher zunächst die Möglichkeiten, die der Einsatz der klassischen Internet-Dienste innerhalb eines Unternehmens bietet. Die Betrachtung von Anwendungen wie E-Mail, die aus herkömmlichen LANs in Form von proprietären Entwicklungen bereits bekannt sind, beschränkt sich themenbedingt auf Intranet-spezifische Eigenschaften, die einen qualitativen Unterschied bedeuten.

Eine weitere bedeutende Rolle spielen Software-Produkte, die auf den Internetstandards beruhen und eine Vielzahl herkömmlicher Tools wie E-Mail integrieren, um komplexere Vorgänge im betrieblichen Arbeitsablauf zu unterstützen. Hier soll ein Vergleich zu konventionellen Lösungen Stärken und Schwächen von Intranet-basierter Groupware aufzeigen. Die inhaltliche Abfolge des Kapitels stellt gleichzeitig die Entwicklungsstufen auf dem Weg zum vollständigen Intranet dar: Während das einfache *Information-Publishing* auf der Basis der Web-Technologie schon heute breite Verwendung findet, entstehen für die *informelle Zusammenarbeit* allmählich auch Groupware-Anwendungen über Internetstandards. Die vollständige Einbindung *transaktionsorientierter Applikationen* wie R/3 und deren Erweiterung für Business-to-Business-Beziehungen stehen hingegen - ebenso wie Workflow-Anwendungen für die Unterstützung *formeller Zusammenarbeit* - erst am Anfang ihrer Entwicklung.[187]

Die durchaus wichtige Diskussion über die für eine erfolgreiche Intranetnutzung erforderlichen Voraussetzungen hinsichtlich der Organisationsstruktur und Unternehmenskultur kann an dieser Stelle nicht ausreichend vertieft werden.

---

[187] Vgl. Kius, René: a.a.O., S. 15 ff.

Grundsätzlich ist jedoch zu bedenken, daß der Nutzen eines Intranets bezüglich der Anwendungen davon abhängt, inwieweit deren Funktionalität tatsächlich in einer Umgebung benötigt wird. Szuprowicz formuliert dazu fünf Schlüsselmerkmale, mit deren Ausprägungsintensität die Zweckmäßigkeit von Intranets eng zusammenhängt: das Gesamtaufkommen an Informationen, deren Änderungsfrequenz, strategische Bedeutung und Verteilungskosten sowie die Notwendigkeit der Verknüpfung spezieller Information mit einzelnen Vorgängen, wie dies z.B. bei Kundenkontakten in einer Finanzdienstleistung der Fall ist.[188]

In Abschnitt 4.5 sollen dann noch einige kritische Implikationen kurz angesprochen werden.

4.1 Der Einsatz von Intranet-Diensten zur Informationsunterstützung

4.1.1 Web-Publishing

Der Dienst WWW nimmt im Intranet aus mehreren Gründen eine zentrale Rolle ein. Neben den bereits angesprochenen, vielfältigen Verwendungen von Web-Servern bietet alleine die herkömmliche Nutzung statischer HTML-Seiten umfassende, neue Darstellungsmöglichkeiten von Daten und Dokumenten und eröffnet dem Anwender einen leichteren Zugriff, als das mit dem bisherigen Dateiablagesystem der Fall war.

Wichtigstes Merkmal des WWW ist die vernetzte Anordnung und Verteilung von Informationen, die dadurch möglich wird, daß jede Web-Seite eine eigene, eindeutige Adresse, den Uniform Resource Locator (URL) erhält. Dieser beinhaltet neben der IP-Adresse, die den Server identifiziert, den Verzeichnispfad auf dem Server und den Namen des Dokuments.[189]

Durch die Möglichkeit, diese URLs als Querverweise in HTML-Dokumente einzubetten, sind selbst dezentral gespeicherte, verteilte Informationen miteinander verknüpfbar und unmittelbar zugänglich.[190] In einer herkömmlich vernetzten Umgebung war dagegen der sequentielle Zugriff auf verschiedene Dokumente nur unter größerem Aufwand und mit Kenntnis des physischen Ablageorts (Rechner und exakter Verzeichnispfad) zu bewerkstelligen. Durch die Vernetzung von Ab-

---

[188] Vgl. Szuprowicz, Bohdan O.: a.a.O., S. 26.
[189] Vgl. Gralla, Preston: a.a.O., S. 36 ff.

teilungen oder Standorten, mit denen vor Einführung eines Intranets keine Verbindung bestand, erhalten alle Nutzer zudem Zugriff auf bisher unzugängliche Daten und Informationen.[191]

Die Eigenschaften des WWW können so zur einfacheren und umfassenderen Erschließung unternehmensinterner und -externer Informationsressourcen genutzt werden. Durch Bookmarks kann jeder Benutzer zusätzlich die Klartextadressen gemeinsam genutzter Dokumente durch individuelle Bezeichnungen ersetzen und leicht wiederauffindbar machen.

Ein anderer Ausgangspunkt für die Informationsbeschaffung sind Suchmaschinen, die bereits eingehender beschrieben wurden.

Derzeit wird Web-Technologie in Intranets vielfach in ihrer einfachsten Form für die Umstellung bisher in Druckform verteilter Information auf statische HTML-Formulare genutzt, da dies problemlos und ohne besondere Investitionen möglich ist, während sich der Nutzen relativ klar messen läßt.

Häufig genannte Beispiele sind allgemeine Mitarbeiterdaten, E-Mail-Verzeichnisse mit der Möglichkeit, direkt in die E-Mail-Anwendung zu springen, Unternehmensnachrichten sowie Formulare zum Ausdrucken (Spesenabrechnung, Bedarfsmeldungen).[192]

Ein wesentlicher Grund für die Bereitstellung solcher bislang papiergestützter Informationen auf einem Web-Server ist die Vermeidung von Druck- und Distributionskosten. Da die Distribution in Druckform in großen, verteilten Unternehmen einige Zeit benötigt, kann der Informationsstand der Mitarbeiter zudem nicht immer eindeutig eingeschätzt werden.[193] Werden Änderungen in wichtigen Details nötig, so kann dies durch Web-Publishing unter geringem Aufwand in kurzer Zeit bewerkstelligt werden. Auf diese Weise kann der Informationsanbieter immer sicher sein, daß ab dem Zeitpunkt der Bereitstellung interne Mitarbeiter, Außendienstler und Filialen gleichermaßen auf konsistente und höchst aktuelle Informa-

---

[190] Vgl. Döge, Michael: a.a.O., S. 13 ff.

[191] Vgl. Hills, Mellanie: Intranet Business...a.a.O., S. 41.

[192] Einige weitere Beispiele sind: Selbstdarstellung der Mitarbeiter, Telefonnummernverzeichnisse, Organisationshandbücher, Produktbeschreibungen, Preislisten und Berichte zur Geschäftsentwicklung.

[193] Vgl. Döge, Michael: a.a.O., S. 17.

tionen zugreifen können, da sie nur einmal geändert werden und dann überall sofort verfügbar sind.[194]

Neben der angesprochenen Möglichkeit, Dokumente miteinander zu verknüpfen sowie Graphiken und andere Elemente einzubetten, verfügt HTML über einige andere Eigenschaften, die es als Basis für ein leistungsfähiges Dokumentenmanagement prädestinieren.

Die ursprünglich für Internet-Mail entwickelte Spezifikation MIME[195] erlaubt es, Dateien beliebiger Formate an eine E-Mail anzuhängen. Dazu definiert MIME ein einheitliches Verfahren, nach dem die Fremdformate zum Transport in ASCII[196]-Texte umgewandelt werden, die ein MIME-kompatibler Empfänger dann wieder in das ursprüngliche Format zurücksetzen kann. MIME-HTML ist die Übertragung dieses Prinzips auf Web-Seiten. Damit ist ein Browser, der ein MIME-HTML-Dokument erhält, in der Lage, das Dokument zu identifizieren und eigenständig die entsprechende Applikation, in der das Dokument erstellt wurde, zu starten.[197] Diese Erweiterung schafft damit erste Ansätze zur integrierten Nutzung von Standardprogrammen und Internet-Diensten.

Umgekehrt erlauben es neuere Versionen von Standardanwendungen wie Textverarbeitung oder Tabellenkalkulation zunehmend, erstellte Dokumente im HTML-Format zu speichern oder HTML-Seiten in diesen Anwendungen zu öffnen.[198] Dadurch wird das Dokumentenmanagement mittels WWW um die Möglichkeit erweitert, auch solche Dateien auf einem Web-Server abzulegen und über einen Browser zugänglich zu machen, ohne sie mit speziellen HTML-Editoren erzeugen zu müssen. Neben den erwähnten funktionellen Vorteilen wird HTML als allgemein anerkannter Standard so zum gemeinsamen Format für alle Anwendungen, die Hypertext unterstützen, unabhängig von Hersteller und Rechnerplattform.

Neben HTML steht mit VRML (Virtual Reality Modeling Language) eine Beschreibungssprache für dreidimensionale, bewegte Objekte zur Verfügung, die ebenfalls über HTTP transportiert wird und damit Teil des WWW ist. VRML ist in der Lage, komplexe Szenen und Graphiken kompakt zu beschreiben und trotz

---

[194] Vgl. Szuprowicz, Bohdan O.: a.a.O., S. 18.
[195] Multipurpose Internet Mail Extensions.
[196] American Standard Code for Information Interchange.
[197] Vgl. Kyas, Othmar: a.a.O., S. 171 ff.
[198] Vgl. Hoff, Alexander: Intra-Office, in: Internet Professionell, o.Jg.(1997)6, S. 68 ff.

geringer Bandbreiten zu übertragen.[199] Dabei sind die einzelnen Objekte wie HTML-Dokumente durch Links über eine URL verknüpfbar und können über einen VRML-fähigen Browser dargestellt werden. Dies ermöglicht beispielsweise den Austausch und die Darstellung von Konstruktionsmodellen oder chemischen Strukturen in Intranet und Internet, die wie ein reales Objekt aus beliebigen Perspektiven betrachtet werden können, was bislang nur in einer homogenen DV-Umgebung mit speziellen Anwendungen möglich war. Verteilte Konstruktionsbüros oder Forschungs- und Entwicklungsabteilungen können damit in spezieller Art von der Infrastruktur eines Intranet profitieren.

Eine andere denkbare Anwendung ist die Darstellung dreidimensionaler Datengebirge, in denen Daten im Umfang mehrerer Gigabyte zu einer Graphik verarbeitet wurden. Da die Graphik selbst in VRML nur eine geringe Größe hat, kann sie so problemlos über das Internet von einer Geschäftsstelle zur anderen übertragen und dort zur Analyse verwendet werden.[200]

4.1.2 Dynamische Web-Anwendungen und Push-Techniken

Die Funktionsintegration von Datenbanken und Web-Servern wurde in Abschnitt 3.1.2 bereits näher beschrieben. Sie ist das Kernelement für dynamische Web-Anwendungen, bei denen Web-Server nicht zur Datenhaltung wie im Web-Publishing, sondern zur Datenvermittlung zwischen Client und proprietären Informationsquellen genutzt werden. Folglich werden bei dieser Form des Data Warehousings im Rahmen eines Intranets Informationen auch nicht in HTML erfaßt, sondern in ihren bisherigen datenbankspezifischen Formaten belassen und bereitgestellt.[201]

Für den Anwender hat dies mehrere Konsequenzen: So muß er nicht mehr die speziellen Benutzeroberflächen der verschiedenen Datenbanksysteme beherrschen, da alle Zugriffe über den Browser ausgeführt werden. Das bedeutet gleich-

[199] Vgl. Sperlich, Tom; Wenz, Florian: Welten im Netz, in: c't, o.Jg.(1996)8, S. 236.
[200] Ein Beispiel für die Visualisierung der Entwicklung von Wertpapier-Portfolios kann unter der URL http://cosmo.sgi.com/player/developer/eai/ bzw. http://vrml.sgi.com/features/ticker/ticker.html, 21.05.1997 gefunden werden.
[201] Vgl. Döge, Michael: a.a.O., S. 27 ff.

zeitig, daß Daten aus unterschiedlichen Systemen in einem Arbeitsgang abgerufen werden können, ohne den Client zu wechseln.[202]

Die Zentralität dieser Infrastruktur legt es nahe, Intranets auch für Data Mining zu nutzen. Dabei werden über eine komplexe Schnittstelle Daten gleichzeitig aus heterogenen Quellen extrahiert, um sie zum Zwecke von Geschäftsprozeßanalysen zueinander in Beziehung zu setzen.[203]

Ein externer Web-Server mit Datenbankanbindung läßt sich zur Verbesserung des Kundendienstes oder zur Erleichterung der Kooperation mit Lieferanten einsetzen. Vielzitierte Beispiele dafür sind die Paket-Verfolgungs-Systeme der Speditionsunternehmen UPS, Federal Express und DHL, auf deren Internet-Homepages ein Lieferant auf Anfage seines Kunden anhand der Frachtbriefnummer den aktuellen Auslieferungsstatus der Bestellung einsehen kann.[204] Bei Lauda Air kann man Ankunfts- und Abflug- sowie Boarding-Zeiten im Internet abrufen.[205]

In unternehmensübergreifenden Beziehungen mit Kunden oder Lieferanten macht sich die Universalität des Datenbankzugriffs besonders positiv bemerkbar. Da diese in der Regel Kontakte zu vielen verschiedenen Partnerunternehmen haben, ist die Heterogenität der Frontends noch größer als innerhalb ein und desselben Unternehmens.[206]

Als besondere Form der Informationsunterstützung wird derzeit die Push-Technik propagiert. Im Unterschied zur herkömmlichen Vorgehensweise, bei der der Anwender mit dem Browser eine Seite aufruft, werden hier die Inhalte von Seiten, die regelmäßig aufgesucht werden, automatisch auf den lokalen Rechner übertragen. Dabei kann es sich um Inhalte von lokalen Web-Servern oder aus dem Internet handeln. Der Nutzer kann dazu bestimmte Seiten abonnieren und die Übertragung zu festgelegten Zeitpunkten oder wenn sich der Seiteninhalt geändert hat veranlassen, ohne sich darum kümmern zu müssen. Im Intranet kann dies die Nutzung sich häufig ändernder Informationsseiten oder auch von Software-Updates

---

[202] Vgl. ebenda, S. 30.
[203] Vgl. Kyas, Othmar: a.a.O., S. 29.
[204] Vgl. Mocker, Helmut; Mocker, Ute: a.a.O., S. 153.
[205] Vgl. Hoffmann, Horst-Joachim: Interaktivität ist Trumpf, in: Computerwoche Extra 3/96, Beilage in Computerwoche, 23(1996)42, S. 24.
[206] Vgl. Vaughan-Nichols, Steven J.: Intranets, London 1996, S. 385.

erleichtern.[207] Bei Bedarf können die Seiten dann offline gelesen werden, was zusätzlich die Zugriffszeit verkürzt,[208] besonders, wenn die Seiten nicht auf dem Intranet-Web-Server liegen, sondern aus dem Internet abgerufen werden.

4.2 Der Einsatz von Intranet-Diensten zur Kommunikationsunterstützung

E-Mail

E-Mail-Kommunikation ist im Gegensatz zu Hypertext-Dokumenten auch aus herkömmlichen Systemen bekannt. Nachteilig an proprietärer E-Mail ist, daß sie zunächst nur innerhalb des eigenen homogenen Netzwerkes genutzt werden kann und damit die wesentlichen Potentiale günstiger, schneller und weltweiter Kommunikation nur begrenzt realisierbar sind. Um den Dienst auch über andere Netzwerke zu nutzen, ist eine aufwendige Konvertierung über Gateways nötig, die jedoch nicht immer komplikationslos möglich ist.[209] Proprietäre E-Mail war zudem nur im Rahmen umfassenderer Software wie Groupware-Pakete erhältlich. Internet-Mail kann dagegen als singulärer Dienst eingerichtet werden und ermöglicht eine nahtlose Kommunikation über die Unternehmens- und Netzwerkgrenzen hinaus. Mit der globalen Ausdehnung des Dienstes ist Intranet-Mail die einzige günstige Möglichkeit, Informationen gleichzeitig und schnell an mehrere Standorte weltweit zu schicken, ohne dabei an die Anwesenheit der Empfänger gebunden zu sein.

Wird E-Mail als Komponente eines Workflow-Systems für die Zustellung von Dokumenten eingesetzt, so läßt sich diese Eigenschaft dazu nutzen, ein Dokument gleichzeitig an mehrere Personen zur parallelen Bearbeitung zu schicken.

E-Mail erlaubt im Unterschied zu analogen Kommunikationssystemen wie z.B. Fax die Weiterverarbeitung übermittelter Nachrichten in einem Textverarbeitungsprogramm ohne eine zeit-, fehler- und kostenintensive EDV-technische Neuerfassung. Durch die MIME-Spezifikation kann Internet-Mail zur Übermittlung

---

[207] Vgl. Hüskes, Ralf: Vorentscheidung, in: c't, o.Jg.(1997)6, S. 176 ff.

[208] Vgl. o.V.: http://www.netscape.com/comprod/products/communicator/netcaster.html, 2.07.1997.

[209] Vgl. Newsgroup-Korrespondenz, Anhang A, S. 70.

von Dokumenten und Dateien verschiedenster Formate eingesetzt werden.[210] Damit können grundsätzlich alle Dokumente ohne Medienbruch übermittelt werden und dabei die genannten Vorzüge dieses Dienstes nutzen.

Insbesondere HTML-Mail ist ein Ansatz, auch die beiden wichtigsten Dienste WWW und E-Mail zu verschmelzen und beseitigt die mangelnde Graphikfähigkeit bisheriger E-Mail-Anwendungen.[211]

Ein wesentlicher Schwachpunkt bei der Benutzung von Internet-Mail war lange Zeit die mangelnde Sicherheit bei der Übertragung sensibler Daten und Nachrichten. Die Erweiterung S-MIME,[212] das allerdings noch kein offizieller Standard ist, nutzt das Public-Key-Verfahren, um Mails zu verschlüsseln. Jeder Besitzer eines öffentlichen Schlüssels verschickt diesen zusammen mit seinen Nachrichten. Der Empfänger übernimmt den Schlüssel zusammen mit der Adresse in sein Adreßbuch, wodurch das E-Mail-Programm in der Lage ist, Mails an diesen Empfänger automatisch zu verschlüsseln.[213]

Dikussionsforen

Diskussionsforen sind eine weitere wichtige Grundlage für Groupware und ebenso wie E-Mail auch aus Groupware wie Lotus Notes bekannt. Internet-News bieten jedoch Ansätze, andere Dienste zu integrieren. Newsgroup-Beiträge können in HTML dargestellt werden und Querverweise zu Web-Seiten enthalten. Werden diese angeklickt öffnet sich der Browser mit der entsprechenden Seite, was z.B. die Diskussion über Inhalte, die auf einem Web-Server abgelegt sind, erleichtert.[214] Mail-Adressen lassen sich in Newsdokumente so integrieren, daß der E-Mail-Editor mit der Adresse des Autors geöffnet wird und Antworten privat statt über das Forum gesendet werden können.

Durch die Übernahme der News-Technologie aus dem Internet ist es möglich, auch externe Newsgroups auf dem News-Server des Unternehmens zu spiegeln und damit intern verfügbar zu machen.[215]

Die thematische Eingrenzung der Foren vereinfacht die gezielte Suche nach qualifizierten Ansprechpartnern. Die spezielle Effizienz dieses Intranet-Dienstes im

---

[210] Vgl. Kyas, Othmar: a.a.O., S. 249.
[211] Vgl. Kyas, Othmar: a.a.O., S. 65.
[212] Secure Multipurpose Internet Mail Extensions.
[213] Vgl. Hüskes, Ralf: Vorentscheidung...a.a.O., S. 179.
[214] Vgl. Gralla, Preston: a.a.O., S. 133.

Verbund mit den Internet-Newsgroups illustriert Hills am Beispiel eines Inge-
nieurs bei Texas Instruments. Dieser benötigte zu kurzen Testzwecken eine Appa-
ratur, deren Anschaffung 100.000 Dollar gekostet hätte und die ihm auf eine
Newsgroup-Anfrage hin von einem Wissenschaftler zu Verfügung gestellt wurde.[216]

Chat

Neben den asynchronen Kommunikationsdiensten E-Mail und News bietet Chat
die Möglichkeit zur synchronen Kommunikation. Internet Relay Chat (IRC) ist
ebenfalls ein eigener Dienst, der über einen speziellen Server und eigene Clients
arbeitet und unabhängig von den anderen Kommunikationsdiensten eingerichtet
werden kann. IRC eignet sich zwar nur für einfache, schriftliche Echtzeitkommunikation, ist im Vergleich zu komfortableren synchronen Medien wie Videoconferencing aber auch technisch unaufwendiger und günstiger. Neben schriftlichen
Beiträgen zur Diskussionsrunde können auch Hyperlinks zu Web-Seiten, Bilder
oder Videos ausgetauscht werden, die wie in Newsgroups oder Mails direkt verfügbar sind.[217]

Darüberhinaus kann die Konversation im IRC protokolliert und in einem Logfile
abgelegt werden. Damit können Gruppengespräche auch im nachhinein eingese-
hen werden, beispielsweise, um abwesenden Mitgliedern die Möglichkeit zu geben, sich über das Besprochene zu informieren. Eine besondere Stärke ist die
technisch unbegrenzte Teilnehmerzahl.[218] Dies läßt sich jedoch praktisch nur eingeschränkt ausnutzen, da die fehlende Möglichkeit, Rederechte zu vergeben, bei
hoher Teilnehmerzahl zu einer unübersichtlichen Konversation führen kann.

IRC spielt in realen Intranet-Implementierungen nur vereinzelt eine Rolle. Im Intranet der Return Online GmbH wird es dazu genutzt, private Kontakte zu pflegen
und die Akzeptanz des Netzes als gemeinsamer, virtueller Arbeitsplatz zu erhöhen.[219]

[215] Vgl. Gralla, Preston: a.a.O., S. 134.
[216] Vgl. Hills, Mellanie: Intranet as Groupware, New York u.a. 1997, S. 86.
[217] Vgl. Döge, Michael: a.a.O., S. 34 ff.
[218] Vgl. Hills, Mellanie: Intranet as Groupware...a.a.O., S. 66.
[219] Vgl. Gräslund, Karin; Petri, Manfred: Groupware für das Intranet, in: Office Management, 44(1996)11,
S. 21.

4.3 Groupware

Groupware umfaßt Anwendungen zur Unterstützung von Kommunikation, Koordination und Kollaboration und unterscheidet sich somit hinsichtlich der letzten beiden Punkte von Basis-Tools wie E-mail und Chat. Grundlage der Zusammenarbeit ist das gemeinsame Sammeln und Auswerten von Daten. Damit ist die Schaffung einer allen zugänglichen Datenbasis eine bedeutende Voraussetzung für Groupware.[220]

Ein wesentliches Ziel von Groupware ist die Konvergenz zwischen Informations- und Kommunikationsdiensten. So soll es beispielsweise möglich sein, eine Datenbankabfrage zu machen und das so erzeugte Dokument zur Grundlage einer Kommunikation unter Verwendung von Diensten wie News oder Mail zu machen. Da Groupware Gruppenarbeit unabhängig organisatorischer oder räumlicher Begrenzungen unterstützen soll, wird sie sinnvollerweise nicht nur abteilungsintern, sondern unternehmensweit eingesetzt. Die Installation herkömmlicher Groupware-Lösungen über heterogenen Netzwerken und Rechnerplattformen gestaltet sich jedoch oft sehr schwierig.[221]

Mit TCP/IP als Grundlage, den vorhandenen Internet-Diensten sowie der Möglichkeit, Datenbanken einzubinden, bieten Intranets gute Voraussetzungen für den Einsatz von Groupware in heterogenen Umgebungen und ermöglichen es überdies, deren Nutzung auf das WAN auszudehnen.

Die Bestrebungen, entsprechende Software für das Intranet zu konzipieren, haben zwei unterschiedliche Ansätze hervorgebracht: Der eine Weg besteht darin, Web-Browser oder andere Internet-Tools um Groupware-Funktionalitäten zu bereichern; Der andere Weg ist, Internetprotokolle in bestehende Groupware aufzunehmen.

Aus der Vielzahl der sich entwickelnden Produkte sollen exemplarisch zwei Vertreter für beide Wege zur Intranet-Groupware-Funktionalität gegenübergestellt werden. Aufgrund der Rasanz der Entwicklung in diesem Marktsegment muß dies allerdings als Momentaufnahme verstanden werden.

---

[220] Vgl. Lichtner, Viktor: Trend zum Team, in: Gateway, o.Jg.(1997)2, S. 36.
[221] Vgl. Szuprowicz, Bohdan O.: a.a.O., S. 57.

Für Netscape lag es nahe, den vorhandenen Web-Browser als Grundlage zu nehmen, der bereits E-Mail und News integriert hat. Unter dem Namen *Communicator* wurden zahlreiche Anwendungen hinzugefügt. Das Konferenz-Tool beinhaltet Chat, Voicemail, Audio-Konferenzen und eine Anwendung, mit deren Hilfe Dokumente in einer Konferenz gemeinsam angesehen und bearbeitet werden können.[222] Der Gruppenkalender ermöglicht es, auf der Basis privater Kalender einen für alle Teilnehmer günstigen Sitzungstermin zu ermitteln und setzt alle Betroffenen automatisch per E-Mail davon in Kenntnis.[223] Newsgroup-Beiträge sind wie E-Mails auch in HTML darstellbar und können mit diesen zusammen verwaltet werden.[224]

Solche multifunktionellen Clients, die es in dieser Art für das Internet bislang nicht gab, stellen in erster Linie die Bündelung verschiedener Netzwerkdienste und anderer Anwendungen zu einem Programmpaket dar und sind damit ein erster Schritt in Richtung eines universellen Clients: Vereinzelt greifen die Dienste ineinander und gewinnen so an Funktionalität. Auch der Einsatz als generelles Interface für den Zugriff auf verschiedene Datenbanken ist möglich, da dies auf der Seite des Clients lediglich Web-Fähigkeit voraussetzt, während die eigentliche Integrationsarbeit an der Schnittstelle zwischen Web-Server und Datenbank zu leisten ist.

Die Vision des wirklich universellen Clients beinhaltet jedoch noch mehr. Er soll neben den interaktiven Netzwerkdiensten auch Standardanwendungen wie Textverarbeitung integrieren und vor allem workflowfähig gemacht werden. Für beide Merkmale spielt die Entwicklung von Java eine große Rolle (s. Abschnitt 4.6.2).

Die Integration der herkömmlichen Büro-Anwendungen in einem Browser macht diese alle unter derselben Arbeitsoberfläche zugänglich. Der Browser selbst ist dem Anwender von der Benutzung der Netzwerkdienste her bekannt, so daß der Umgang damit leicht fällt. Die eigentliche Arbeitsoberfläche ist ein HTML-Dokument, das im Browser wie jede andere Web-Seite dargestellt wird und Links für die Aktivierung der benötigten Programme, Dienste und Informationen beinhaltet. Herkömmliche graphische Benutzeroberflächen wie Windows sind nur begrenzt gestaltbar und daher mit einer Vielzahl von Funktionen und Menüs aus-

---

[222] Vgl. o.V.: http://www.netscape.com/comprod/products/communicator/conference.html, 02.07.1997.
[223] Vgl. o.V.: http://www.netscape.com/comprod/products/communicator/calendar.html, 02.07.1997.
[224] Vgl. o.V.: http://www.netscape.com/comprod/products/communicator/collabra.html, 02.07.1997.

gestattet. Dagegen können mit HTML beliebig viele Arbeitsoberflächen je nach Benutzer und Aufgabe frei gestaltet, auf einen Server abgelegt und dann zur Erledigung eines Vorgangs aufgerufen werden, so daß immer eine optimal angepaßte, übersichtliche Arbeitsumgebung vorhanden ist.[225]

Eine weitere ergonomische Erleichterung bringt die Reduzierung verschiedener Kommunikationskanäle mit sich. So kommen sowohl eingehende Faxe oder E-Mails als auch über einen Push-Mechanismus abonnierte Informationen oder zu bearbeitende Dokumente an einer Stelle an, ohne daß der Benutzer in verschiedenen Clients nachsehen muß.[226] Von großer Bedeutung ist schließlich die angestrebte Verwendung einheitlicher Formate im Zusammenspiel mit den Netzwerkdiensten, um eine durchgehende Nutzung aller Standardanwendungen, Intranet-Dienste und Datenbanken zu ermöglichen.

Aufgrund der Verwendung offener, weit verbreiteter Standards soll der Browser idealerweise nicht nur netzwerkintern, sondern auch für unternehmensübergreifende Vorgänge eingesetzt werden.

Für Lotus dagegen war es sinnvoller, nicht wie Netscape oder Microsoft neue Internet-basierte Software mit Groupwarefunktionen zu konzipieren, sondern das bisherige Groupwareprodukt Notes Internet-fähig zu machen. Dazu wurde es neben Gateways für die Konvertierung der proprietären News- und Mail-Protokolle mit einem integrierten HTTP-Server versehen, der Notes-Dokumente auf Anforderung eines Browsers aus der Datenbank in HTML übersetzt. Auf diese Weise kann man über das Intranet lesend und schreibend auf Notes-Datenbanken zugreifen und auch alle anderen Notes-Dienste intranetweit nutzen. Diese Lösung ermöglicht damit weitgehende Transparenz zu Intranet und Internet, ohne auf die besonderen Eigenschaften dieser Groupware zu verzichten. Da auch die (konvertierten) HTML-Seiten im Notes-Format gespeichert werden, können sie repliziert, kategorisiert und in einen Volltextindex aufgenommen werden. Besonders ausgereift sind die Replikationsmechanismen, die eine Spiegelung der Daten zwischen mehreren Servern in beide Richtungen erlaubt, so daß diese an beliebigen Orten gepflegt werden können.[227]

---

[225] Vgl. o.V.: http://www.fb6.fhtw-berlin.de/info/zscho/germ_int.htm, 30.01.1997.

[226] Vgl. Expertengespräch vom 18.06.1997, Anhang B, S. 78.

[227] Vgl. Weber, Volker: TANSTAAFL...a.a.O., S. 318 ff.

Als nachteilig gilt dagegen, daß die Einbindung fremder Datenbanken in Lotus oft problematisch ist. Stehen Wissensaufbereitung und -weitergabe im Vordergrund der Intranet-Anwendungen, während kooperatives Arbeiten nur unterstützt werden soll, bieten daher reine Intranet-basierte Lösungen aufgrund der integrativen Eigenschaften dieser Technologie Vorteile in heterogenen Umgebungen.[228]

Auch hinsichtlich der Integration von Anwendungen für synchrone Interaktionen sind die multifunktionellen Clients, die direkt auf Internettechnologie aufsetzen, überlegen.[229]

4.4 Die Unterstützung betrieblicher Kernabläufe durch Intranets

Optimierung von Produktionsprozessen

Eine einfachere, schon jetzt realisierbare Möglichkeit der Unterstützung des Produktionsprozesses durch Internettechnologie läßt sich am realen Beispiel einer Weberei illustrieren, in der das bestehende Produktionssystem an das Intranet angebunden wurde.

Ursprünglich beschränkte sich die Auswertung von Maschinendaten auf die Analyse vergangener Zeiträume. Dazu gaben die Webmaschinen Daten über ihren Betriebs- und Fehlerzustand in zyklischen Abständen an einen PC, der diese in Logfiles auf einem Server ablegte.

In der Intranet-Konzeption dagegen liest ein CGI-Programm auf Anfrage die vorliegenden Daten, bereitet sie auf und konvertiert sie in HTML, wodurch zu jedem Zeitpunkt aktuelle Maschinendaten von allen Arbeitsplatzrechnern im Intranet per Browser abgerufen und visualisiert werden. Hierzu wählt der Benutzer aus einem Menü den für ihn relevanten Ausschnitt der gesamten Information und die Darstellungsart. Für den Produktionsbereich lassen sich die aktuellen Zustände aller Maschinen darstellen. Das Management kann sich dagegen Tabellen oder Graphiken zur Maschinenauslastung anzeigen lassen.

---

[228] Vgl. Summa, Harald A.: Ernstzunehmende Alternative in Sicht, in: Computerwoche Focus 4/96, Beilage in Computerwoche, 23(1996)29, S. 21.

Durch die verbesserte Verfügbarkeit von Daten können Ausfälle und Fehler im Gegensatz zu vorher rechtzeitig erkannt und so Stillstandszeiten minimiert werden. Gleichzeitig kann das Wartungspersonal durch die zentrale, aktuelle Kontrolle der Maschinen effizienter organisiert werden.[230]

Workflow

Während Groupware der Unterstützung nicht im voraus bestimmbarer Arbeitsabläufe dient, sollen Workflow-Management-Systeme gut strukturierte, in Regeln faßbare, häufig wiederkehrende Geschäftsprozesse in einer vernetzten Umgebung automatisieren und so die Mitarbeiter von formalen Tätigkeiten entlasten. Dazu gehört auch hier die Vermeidung von Medienbrüchen und damit verbundener Mehrfacherfassung von Daten sowie die durchgängige Handhabung der Dokumente über verschiedene Anwendungen und Kommunikationsdienste hinweg.[231]

Neben der eigentlichen Ablaufsteuerung als Kernteil und einem Dokumentenmanagementsystem umfassen vollständige Workflow-Management-Systeme einige weitere Komponenten. Dazu gehört ein Modellierungs-Tool zur Beschreibung und Veränderung der zu steuernden Abläufe und der Aufbauorganisation, ein System zur Information über den aktuellen Bearbeitungsstand eines Vorgangs und ein System, mit dem die Auswirkungen möglicher Veränderungen der Ablauforganisation simuliert werden können.[232]

Bislang existieren keine Beispiele für vollständige Workflow-Management-Systeme, die auf Internettechnologie basieren, obwohl die durchgehende Verwendung von Daten und Dokumenten größtenteils realisierbar ist. Das Hauptproblem ist die eingeschränkte Interaktivität der Web-Technologie, die in ihrer Grundform lediglich das Anfordern und die passive Wiedergabe von Dokumenten beinhaltet, was allein die Erstellung einer leistungsfähigen Workflow-Ablaufkomponente unmöglich macht. Allerdings bietet Java die Möglichkeit, interaktive Web-Anwendungen zu programmieren und bringt damit alle nötigen Voraussetzungen

---

[229] Vgl. ebenda, S. 21.

[230] Vgl. Baumann, Christian: Visualisierung von Maschinendaten im Intranet, in: Zeitschrift für wirtschaftlichen Fabrikbetrieb, 92(1997)1-2, S. 64 ff.

[231] Vgl. Kloppe, Sabine: Mitarbeiter müssen mitziehen, in: Computerwoche Extra 2/96, Beilage in Computerwoche, 23(1996)35, S. 17 ff.

[232] Vgl. Brill, Heinrich: Die Skepsis bei Führungskräften abbauen, in: Computerwoche Extra 1/97, Beilage in Computerwoche, 24(1997)7, S. 48.

mit, um Workflow künftig mit den Mitteln offener Standards zu ermöglichen (siehe Abschnit 4.6.2).[233]

Proprietäre Lösungen mit Intranet-Schnittstellen

Benötigt man ein leistungsfähiges Workflow-System, ohne auf die Kompatibilität zu Internetstandards verzichten zu wollen, stellt derzeit auch hier Lotus Notes mit Domino einen guten Kompromiß dar. Erweitert um entsprechende Software, können im Notes-Kern mit Hilfe eines graphischen Designers Arbeitsabläufe modelliert werden, die eine Laufzeit-Engine zur Steuerung der Prozesse verwendet. In dieser Konstellation wird es dann etwa möglich, daß der Besucher einer Web-Seite eines Unternehmens dort eine Bestellung aufgibt, die durchgehend Workflow-unterstützt abgewickelt wird.[234]

Ein weiteres Beispiel für die Öffnung proprietärer Software ist R/3 von SAP. Einzelheiten des R/3-Kerns soll hier nicht weiter betrachtet werden. Relevant ist jedoch die Feststellung, daß auch R/3 in einer Client-Server-Architektur organisiert ist, in der ein eigener Client auf den Server mit den Anwendungsmodulen zugreift. Dadurch gelang es, den bisherigen Client durch einen normalen Web-Browser zu ersetzen. So können im Intranet HTML-Dokumente genutzt werden, die an der Schnittstelle in R/3-spezifische Daten umgewandelt werden.[235]

Damit kann von einem beliebigen Arbeitsplatz im Intranet oder gar über das Internet R/3-Funktionalität genutzt werden: Via Intranet kann ein Teil der R/3-Peronaldaten (Telefonnnumern, E-Mail-Adressen) für alle Mitarbeiter verfügbar gemacht werden; über das Internet können Kunden den Lieferbarkeitsstatus und Verfügbarkeitsmengen von Produkten abfragen oder einen Vorgang initiieren, der dann von der nicht Internet-basierten Anwendung übernommen und ausgeführt wird.[236]

Diese Art der Kopplung stellt derzeit die sinnvollste Symbiose herstellerspezifischer Systeme mit hoher Funktionalität und der offenen Standards des Intranets mit dessen spezifischen Vorteilen dar.

---

[233] Vgl. Wagner, Michael: Traditionelles Workflow gerät unter Internet-Druck, in: Computerwoche, 24(1997)5, S. 41 ff.

[234] Vgl. Weber, Volker: Stellwerk, Workflow mit Lotus Notes und ONEstone Prozessware, in: c't, o.Jg.(1997)1, S. 104 ff.

[235] Vgl. Mocker, Helmut; Mocker, Ute: a.a.O., S. 227 ff.

[236] Vgl. Sinn, Dieter: Das neue R/3 soll nicht nur Internet-Technik bringen, in: Computerwoche, 24(1997)5, S. 44.

4.5 Bedenken und Akzeptanzprobleme

Bei der Einführung einer neuen Technologie kann es zu Bedenken und Vorurteilen verschiedener Gruppen in einer Organisation kommen, die auf Unsicherheit oder sogar gegenläufigen Interessen beruhen. Einige problematische Punkte bei der Einführung eines Intranets sollen hier aus der Perspektive des Managements und der Mitarbeiter angesprochen werden.

Grundsätzlich können Ziele der strategischen Unternehmenspolitik der Verwendung einer offenen Technologie entgegenstehen. Z.B. betreibt Ford of Europe für den Datenaustausch mit seinen Zulieferern ein privates Netz mit einem eigenen Kommunikationssystem. Auf diese Weise wird das Abhängigkeitsverhältnis der betroffenen Unternehmen bewußt gefestigt, da sich für diese, anders als bei der Verwendung offener und weit verbreiteter Standards, die Anzahl möglicher Geschäftspartner auf diejenigen reduziert, die ebenfalls über diese Technologie verfügen.[237]

Auf personeller Ebene ist mit der Bereitstellung von Internet-Zugängen das Problem verbunden zu gewährleisten, daß dieses Medium von den Mitarbeitern gezielt und zweckgebunden eingesetzt wird. Dem halten Mocker et al. etwas überspitzt entgegen, daß man „'Solitaire' auch auf einem normalen PC spielen" kann und somit die „Vergeudung von Arbeitszeit kein Problem des Internets an sich darstellt, sondern der Personalführung und Mitarbeitermotivation."[238] Darüberhinaus gibt es - wie in Abschnitt 3.2.1 beschrieben - effiziente Methoden, den Internet-Zugang sogar benutzerspezifisch zu reglementieren, sofern solche Bedenken bestehen.

Unabhängig von der Öffnung des Intranets gilt eine mögliche Veränderung der internen Hierarchie als ein Faktor, der den Eigeninteressen von Personen verschiedenster Hierarchiestufen entgegenstehen kann. Sofern Informationen bisher über mehrere Personen weitergeleitet wurden, werden diese Vermittlungspositionen überflüssig, wenn die Verteilung im Intranet über einen Informationsserver erfolgt, auf den jeder Mitarbeiter direkten Zugriff hat. Die Zurückhaltung von In-

---

[237] Vgl. Picot, Arnold; Reichwald, Ralf; Wiegand, Rolf T.: a.a.O., S. 303.
[238] Mocker, Helmut; Mocker, Ute: a.a.O., S.19.

formation als taktisches Mittel wird in diesem Fall unterbunden.[239] Hills verweist
in diesem Zusammenhang darauf, daß Mitarbeiter, die insbesondere mit der Verwaltung und Verteilung von Informationen beschäftigt sind, um ihre Machtbasis
fürchten.[240] Deren Funktion wird mit elektronischem Dokumentenmanagement
und Push-Technologie sowie E-Mail zumindest in Teilen automatisiert oder in die
Hände der DV-Administration gelegt. Generell ist mit diesen Diensten also eine
geringere Bedeutung formaler Organisationsstrukturen für das Zustandekommen
von Kommunikation verbunden.

Mit der Einrichtung von Monitoring-Software auf einem Server hat der System-
verwalter die Möglichkeit, den gesamten Datenverkehr im Intranet und zu externen Netzen zu überwachen. Einzelne Verbindungen können bezüglich Zeitpunkt,
Dauer und Datenmenge protokolliert und diese Informationen in Datenbanken
eingelesen werden. Auf diese Weise können Nutzungsberichte über einzelne Server und Dienste oder Benutzergruppen - z.B. für bestimmte Abteilungen - generiert werden. Einerseits kann dies dazu eingesetzt werden, Server- und Bandbrei-
tenengpässe zu erkennen und zu messen, welche Angebote im Netz wie intensiv
genutzt werden, um daraus Rückschlüsse für die künftige Infrastruktur und die
adäquate Anpassung des Diensteangebots zu ziehen.[241] Andererseits ist ebenso die
Erstellung von Nutzungsprofilen einzelner Personen zu deren Überwachung möglich, was zu einer Ablehnung oder zurückhaltenden Nutzung der angebotenen
Dienste führen kann, so daß konventionelle und ineffizientere, aber diskretere
Informations- und Kommunikationswege verstärkt Verwendung finden.

Da der Einsatz von Groupware in Intranets eine zunehmend große Rolle spielt,
werden auch ursprünglich Groupware-spezifische Akzeptanzprobleme mit dem
Thema Intranet identifiziert. Die Verwendung von Gruppenkalendern, die den
Einblick und den Eingriff anderer in die eigene Arbeitsplanung mit sich bringt,
kann als kontrollierend oder einschränkend empfunden werden. Ebenso kann das
Teilen von Informationen und selbständigeres Arbeiten, das durch die weitgehende Selbstkoordination der Gruppen möglich wird, die Mitarbeiter überfordern,
insbesondere wenn diese bisher mit einem autokratischen Führungsstil konfron-

---

[239] Vgl. Palass, Brigitta; Preissner, Anne; Rieker, Jochen: Managen in Zeiten des Cyberspace, in: Manager
      Magazin, 27(1997)3, S. 126.
[240] Vgl. Hills, Mellanie: Intranet as Groupware...a.a.O., S. 233.
[241] Vgl. Gralla, Preston: a.a.O., S. 115 ff.

tiert waren.[242] Für den Vorgesetzten hingegen bedeutet die teilweise Verlagerung von Entscheidungsprozessen von hierarchisch höheren Stellen auf die Workgroup-Ebene einen Verlust an Einfluß- und Steuerungsmöglichkeiten.[243]

4.6 Ausblick auf künftige Anwendungen und Technologien

Eines der interessantesten Merkmale der Internettechnologien aus der Sicht von Unternehmen ist, daß die Protokolle und ihre Anwendungen keine abgeschlossene Entwicklung darstellen, sondern Potential für Erweiterungen beinhalten, von denen besonders Betreiber privater Netzwerke in der Zukunft profitieren können. In diesem Zusammenhang bemerkt Kuppinger, daß „heute sicherlich noch kein vollständiges Intranet definiert werden" kann, da „das Intranet mit zunehmender Etablierung von bewährten Standards immer mehr Funktionen im internen Netzwerk abdecken" kann.[244] Zwei Beispiele neuerer Entwicklungen wurden mit S-HTTP und S-MIME bereits vorgestellt. In diesem Abschnitt sollen wesentliche neue Standards erwähnt werden, die noch keine große Rolle in derzeitigen Implementationen spielen, aber von besonderer Bedeutung für künftige Anwendungen sind.

4.6.1 Protokolle und Infrastrukturen für Echtzeitanwendungen

Der Datenaustausch über das Internet ist für Anwendungen wie Video-Conferencing oder Live-Audio, die hohe garantierte Bandbreiten erfordern, bisher wenig geeignet, da die verfügbaren Übertragungskapazitäten entweder nicht ausreichen oder zu stark schwanken und damit nicht planbar sind. Eine verbesserte Planbarkeit soll das Resource Reservation Protocol (RSVP) ermöglichen. Damit können innerhalb des Internets Bandbreiten reserviert und für andere Datenströme gesperrt werden. Dabei entsteht allerdings für den Nutzer wiederum das Problem, daß die reservierten Bandbreiten auch bei Nichtnutzung kostenwirksam sind, wie dies bei privaten Standleitungen der Fall ist.[245] Da RSVP für den Einsatz über

---

[242] Vgl. Hills, Mellanie: Intranet as Groupware...a.a.O., S. 232.
[243] Vgl. Vaughan-Nichols, Steven J.: a.a.O., S.400.
[244] Kuppinger, Martin: Intranets betreiben, in: NTJournal, o.Jg.(1997)1, S. 88.
[245] Vgl. Hansen, Joe: Datenstau im Internet - wie geht's weiter?, in:
       http://www.ukrv.de/www/docs/internet/Der_Spiegel/NetVoice/pooltm15.html, 17.07.1997.

IPng[246] konzipiert wurde, ist die praktische Relevanz dieses Protokolls vom erst bevorstehenden Übergang auf das neue Internetprotokoll abhängig.[247]

Ein weiterer Grund für die schlechte Performance des Internet bei Echtzeitanwendungen mit hohem Datenaufkommen liegt in der Eigenschaft des Transportprotokolls TCP, das in erster Linie für die zuverlässige Übertragung nicht-zeitkritischer Daten entwickelt wurde. Da TCP über eine umfassende Fehlerkontrolle verfügt, kann es einen bitgenauen Datentransfer garantieren, der z.B. bei der Übertragung von Software mittels FTP unerläßlich ist, damit der Programmcode unverändert bleibt. Da die Zuverlässigkeit zu Lasten der Geschwindigkeit geht, ist TCP für Multimedia-Anwendungen wenig geeignet.

Eine entsprechende Alternative steht mit dem Echtzeitprotokoll RTP (Real-Time Transport Protocol) zur Verfügung, das bereits von der Internet Engineering Task Force (IETF) als Standard verabschiedet wurde.[248] RTP hat eine höhere Fehlertoleranz als TCP, da geringe Datenverluste sich unwesentlich auf die Wiedergabequalität von Audio und Video auswirken. Im Vordergrund steht vielmehr die Gewährleistung einer kontinuierlichen, verzögerungsfreien und gleichmäßigen Datenübertragung, die der natürlichen Geschwindigkeit von Audio- und Video-Daten gerecht wird.[249]

Im Zusammenhang mit der Entwicklung von Möglichkeiten audio-visueller Echtzeitkommunikation wurde im Jahre 1992 der MBone (Multicast Backbone) geschaffen, ein experimentelles Netz, das sich der physikalischen Infrastruktur des Internet bedient und ein eigenes virtuelles Netz innerhalb des Internet bildet. Bisherige Internet-Anwendungen werden entweder als Unicast (Punkt-zu-Punkt-Kommunikation) oder als Broadcast (Sendung von einem Punkt an alle Hosts im Netzwerk) betrieben. Innerhalb des MBone ist eine Mehrpunkt-zu-Mehrpunkt-Kommunikation möglich, also die gezielte Datensendung an eine spezifizierte Gruppe von Empfängern.[250] Auf diese Weise können große Datenmengen auch in

---

[246] IPng (Internet Protocol next generation) ist die Nachfolgeversion des aktuellen IPv4 (Internet Protocol version 4) und wird synonym auch als IPv6 bezeichnet.

[247] Vgl. Hosenfeld, Friedhelm: Das Internet rüstet sich für die Zukunft: in: http://www.ukrv.de/www/docs/internet/Der_Spiegel/NetVoice/pooltm25.html, 17.07.1997.

[248] Vgl. Schilder, Hans-Jörg: Meetings ohne Barrieren, in: Gateway, o.Jg.(1997)2, S. 60.

[249] Vgl. Schieber, Armin: Das Real Time Transport Protokol (RTP), in: http://www.informatik.uni-mannheim.de/~whd/publications/seminar-ss96/Armin_Schieber/, 16.07.1997.

[250] Vgl. von Roden, Tino: MBone - das Multicast Backbone, in: http://www.informatik.uni-

Mehrpunktverbindungen ausgetauscht werden, da sie nur genau die betroffenen Verbindungen damit belasten.

Für den MBone wurden eigene MBone-Tools konzipiert wie das Visual Audio Tool oder das Videoconferencing Tool, die beide auf RTP basieren.[251] Ebenso soll RSVP sowohl im Internet als auch im MBone Verwendung finden. Das Fernziel der weiteren Entwicklung ist es, nicht nur ein virtuelles Teilnetz, sondern das gesamte Internet Multicast-fähig zu machen.[252]

Geht man von einer zunehmenden Verwendung dieser Möglichkeiten zur Unterstützung von Mehrpunkt-zu-Mehrpunkt-Anwendungen im Audio- und Videobereich aus, so ist mit einer erheblich steigenden Netzbelastung zu rechnen. Vaughan prognostiziert entsprechend, daß das Internet grundsätzlich ein langsamer Übertragungsweg bleiben wird, da auch mit dem Ausbau der Hauptleitungen (Backbones) des Internet die zusätzlichen Kapazitäten durch eine zunehmende Zahl privater und betrieblicher Nutzer und den verstärkten Einsatz von Videoconferencing und Java-Applikationen aufgebraucht werden.[253] Zumindest für die klassischen Anwendungen, die keine bevorzugte Behandlung im Datenverkehr erfahren, bliebe somit ein entsprechend geringerer Anteil an der wachsenden Gesamtkapazität übrig.

4.6.2 Java

Die von Sun Microsystems entwickelte, objektorientierte Programmiersprache Java eröffnet insbesondere im Intranet-Bereich neue Möglichkeiten, die über die bisherigen Dienste weit hinausgehen. Java ist durch seine Plattformunabhängigkeit ideal für Internet- und Intranetumgebungen geeignet. Im Unterschied zu herkömmlichen Programmiersprachen wird ein durch den Programmierer erstelltes Quellprogramm nicht für jede Rechnerplattform spezifisch kompiliert, sondern in einen universellen Bytecode umgewandelt.[254] Die plattformspezifische Interpretation dieses Bytecodes und damit die korrekte Ausführung des Java-Programms

---

mannheim.de/~whd/publications/seminar-ss96/Tino_von_Roden/, 16.07.1997.

[251] Vgl. Müller, Rüdiger: Die MBone-Tools, in: http://www.informatik.uni-mannheim.de/~whd/publications/seminar-ss96/Ruediger_Mueller/, 16.07.1997.

[252] Vgl. von Roden, Tino: a.a.O.

[253] Vgl. Vaughan-Nichols, Steven J.: a.a.O., S. 411.

[254] Vgl. Döge, Michael: a.a.O., S. 84.

übernimmt dann ein spezieller Interpreter. Diese Java Virtual Machine (JVM) kann entweder in einem Browser integriert sein oder als eigenständiges Programm ablaufen.[255] Wie bei Browsern und anderen Clients sind für unterschiedliche Rechnerplattformen spezielle JVM-Versionen zu installieren.

Die beschriebenen Eigenschaften haben weitreichende Bedeutung für die Gestaltung eines Intranets, da damit die Plattformunabhängigkeit nicht mehr auf den Zugriff oder das Verteilen von Daten beschränkt ist, sondern auf die Anwendungsprogramme selbst ausgedehnt wird.[256] So können beliebige Anwendungen in Java programmiert und auf einem zentralen Applikationsserver bereitgehalten werden, anstatt sie auf jedem einzelnen lokalen System zu installieren. Bei Bedarf fordert der Client die entsprechende Anwendung (z.B. ein Textverarbeitungsprogramm) vom Server wie eine Web-Seite an und führt sie lokal aus. Diese wird dort jedoch nicht gespeichert, sondern bei erneutem Bedarf wiederum über das Netz aufgerufen.

Ein wesentlicher Vorteil solcher netzwerkzentrischer Anwendungen liegt darin, daß alle Benutzer über die gleiche und immer über die aktuellste Version eines Programms verfügen, da die zentrale Vorhaltung der Software nur ein einziges Updating auf dem Server nötig macht.[257] Ein besonderes Anwendungsszenario für zentral angebotene Anwendungen stellt deren Nutzung in verteilten Niederlassungen mit unterschiedlichen DV-Umgebungen eines Unternehmens dar, wobei auch hier die Nutzung einer Internetanbindung anstelle von Standleitungen aufgrund der Datenmengen als wenig realistisch erscheint. Banken, die die Kreditfähigkeit eines Kunden auf der Basis interner Regeln prüfen, die immer wieder zu modifizieren sind, können so schnell auf veränderte Bedingungen reagieren und durch eine einfache Anpassung der Applikation sicherstellen, daß alle Filialen mit den aktuellen Regelsätzen arbeiten.[258]

Die Objektorientiertheit von Java erlaubt die Zerlegung monolithischer Anwendungen in einzelne Module, die je nach Anforderung durch den Nutzer vom System zusammengestellt werden können. Auch herkömmliche Standardanwendungen wie Textverarbeitungsprogramme, die meist funktionell überladen sind, kön-

---

[255] Vgl. Eilert, Ralf; Krist, Thomas: Java im Härtetest, in: Computerwoche Focus 1/97, Beilage in Computerwoche, 24(1997)17, S. 25.

[256] Vgl. Kyas, Othmar: a.a.O., S. 53.

[257] Vgl. Döge, Michael: a.a.O., S. 85.

[258] Vgl. Weiland, Stephan: Java-Applikationen im Intranet, in: Java Spektrum, o.Jg.(1997)3, S. 17.

nen auf Java portiert werden. Das ermöglicht deren Aufteilung in schlankere Module, die benutzer- oder aufgabenspezifisch konfiguriert sind und nur die tatsächlich benötigten Funktionen beinhalten. Darüberhinaus werden die Anwendungen dadurch schneller und weniger ressourcenintensiv, was die Netzlast und den Arbeitsspeicher des Clients betrifft.[259]

Aus der Perspektive der Systemsicherheit bringen netzwerkzentrische Anwendungen den Vorteil mit sich, daß der Anwender nicht mehr - absichtlich oder aus Versehen - in die Systemsteuerung seines Rechners eingreifen und nur noch mit den Anwendungen arbeiten kann, die ihm zentral zur Verfügung gestellt werden.[260] Gleichzeitig müssen die einzelnen Abteilungen nicht mehr um die Dienste der Systembetreuer bei der Pflege lokaler Software konkurrieren.[261]

Sofern es sich um größere Programmpakete handelt, eignen sich derartige Java-Programme vor allem für lokale Netzwerke, da diese über eine entsprechende Bandbreite verfügen. Bisher finden solche Java-Anwendungen in Intranets noch keine breite Verwendung, zumal nicht alle Standardprogramme auf Java portiert wurden; Insbesondere neuentwickelte Intranetanwendungen werden aber zunehmend in Java erstellt.[262]

Mit Java können die Clients selbst die Verarbeitung von Daten und die dynamische Änderung der dargestellten Oberfläche ausführen. Daten können beispielsweise lokal zu Graphiken verarbeitet und Benutzereingaben direkt auf ihre Plausibilität hin überprüft werden, ohne das Netz zu belasten und lange Antwortzeiten zu verursachen.[263]

Auf diese Weise können auch CGI-Programme in Java übertragen und damit auf dem lokalen Rechner ausgeführt werden, was den Server erheblich entlastet.[264]

Von großer Bedeutung ist die Tatsache, daß die Clients selbst dadurch workflow-fähig gemacht werden, womit sich vor allem die Möglichkeiten verbessern, Web-Browser als universelles Frontend einzusetzen. Ein ursprünglich statisches Web-Dokument kann also nicht nur wie beschrieben dynamisiert werden, sondern auch einen Vorgang auslösen, indem Links in das Dokument eingebettet werden, die

---

[259] Vgl. Kyas, Othmar: a.a.O., S. 169 ff.
[260] Vgl. Brügmann, Wolf Gunter: a.a.O., S. 6.
[261] Vgl. Szuprowicz, Bohdan O.: a.a.O., S. 25.
[262] Vgl. Döge, Michael: a.a.O., S. 85.
[263] Vgl. Größler, Andreas: Java, in: http://www.informatik.uni-mannheim.de/~whd/publications/seminar-ss96/Andreas_Groessler/, 16.07.1997.
[264] Vgl. Kyas, Othmar: a.a.O., S. 169.

auf eine Java-Applikation zeigen, welche zur Steuerung des gewünschten Vorgangs programmiert wurde: Zunächst werden dem Anwender alle zur Bearbeitung nötigen Informationen und Tools automatisch zur Verfügung gestellt. Nach der Bearbeitung wird der passende Link angeklickt und das Dokument auf der Basis der Applikation weiterbearbeitet, also etwa um bestimmte aktuelle Daten ergänzt, in eine Datenbank eingelesen oder der für die weitere Vorgangsbearbeitung zuständigen Person per E-Mail-Anhang im entsprechenden Format zur Vorlage gebracht. Kommerzielle Workflow-Management-Software wie selbstprogrammierte Workflow-Module können so auf Java-Basis erstellt werden. Auch hierbei erlaubt es die Objektorientierung, daß einzelne Module zur Steuerung eines Vorgangs zusammengesetzt werden, statt jeden Vorgang als Ganzes zu programmieren.

5 Fazit

Die Verwendung von TCP/IP und Diensten wie das WWW in privaten Netzwerken ist keine neue Idee, sondern wird in Einzelfällen schon seit längerer Zeit betrieben. Neu ist dagegen das plötzlich stark steigende Interesse, das Unternehmen
dieser Technologie entgegenbringen. Vor allem die Popularität und die Nutzbar-
keit des WWW als 'elektronischer Marktplatz' haben das Interesse der Betriebe
für die Internettechnologie geweckt.

Die Präsenz im WWW alleine ist jedoch noch kein Grund für die Übernahme der
Technologie auf das gesamte Unternehmensnetz. Ohne Zweifel wurde hier mit
massivem Marketing durch Hersteller entsprechender Software das beginnende
Interesse forciert. Das erste Ziel war es, eine Entwicklung in Gang zu bringen, an
deren Ende die Internetstandards als de-facto-Standards auch in Unternehmens-
netzwerken stehen sollen, so daß die Verwendung einer anderen Technologie zu
einem Ausgrenzungsmerkmal wird.

Die beeindruckenden Zahlen der eingangs erwähnten CW-Studie zeigen, daß diese
Strategie bisher erfolgreich verläuft. Das steigende Interesse wiederum beschleu-
nigt die Entstehung von Intranet-Produkten mit neuer und verbesserter Funktionalität, was die Entscheidung zugunsten der Internettechnologie im LAN erleichtert.

Mit dieser Entwicklung einher geht eine neue Qualität der Nutzung von Internettechnologie. Wurden in geschlossenen TCP/IP-Netzen bisher zumeist dieselben
Dienste genutzt, die im Internet Anwendungen finden, und damit ein nicht-
öffentliches Abbild des Internet geschaffen, so sollen Intranets zunehmend weitergehende, eigene Anwendungsmöglichkeiten herausbilden und zu einer rechner-
und netzwerkunabhängigen, einheitlichen Plattform für Groupware, Businessan-
wendungen und Datenbankanbindungen werden.

Für den Benutzer würde dies zu jeder Zeit und von überall aus einen schnellen,
zentralen Zugang zu allen Applikationen und unternehmensinternen wie -externen
Datenbeständen sowie eine unkomplizierte Benutzung durch ein einheitliches
Frontend bedeuten. Außerdem würden es die offenen Schnittstellen zwischen allen Systemen ermöglichen, diese integriert zu nutzen und beispielsweise Daten
aus einer beliebigen Datenbank ohne Kompatibilitätsprobleme direkt in eine beliebige Bearbeitungs- oder Kommunikationsanwendung zu übernehmen.

Diese Arbeit sollte neben der Beschreibung der technischen Grundlagen einen Einblick in die momentanen Möglichkeiten und erste praktische Erfahrungen von Anwendern geben. Dabei stellte sich heraus, daß ein Großteil der Euphorie auf der Antizipation potentiell möglicher Anwendungen beruht, da sich aufwendigere und nicht Internet-typische Anwendungen wie Videoconferencing über TCP/IP erst bewähren müssen.

Vor allem aber Groupwarepakete und insbesondere leistungsfähige Workflowlösungen für eine Intranet-Umgebung stehen erst am Anfang ihrer Entwicklung und werden wohl noch etwas Zeit benötigen, um dieselbe Funktionalität zu erreichen wie proprietäre Lösungen.

Betrachtet man den Kampf der Hersteller um Anteile am Intranet-Markt, kann man jedoch davon ausgehen, daß diese Entwicklung weiterhin außerordentlich schnell voranschreiten wird. Mit Erreichen dieses Ziels wären die wesentlichen Schwachpunkte heutiger Intranets beseitigt.

Viele Implementationen geschehen daher vor dem Hintergrund, rechtzeitig Erfahrung zu sammeln, um dann künftige Anwendungen nutzen zu können. Relativ risikolos ist die Neueinrichtung oder die Umstellung von Netzen mit einfachen Anwendungen. Werden jedoch im bisherigen Netzwerk schon jetzt Anwendungen zur Unterstützung komplexer betrieblicher Abläufe genutzt, so stellen Intranets noch keine attraktive Alternative dar.

Um dennoch die Offenheit von Intranets zu ermöglichen, haben einige Hersteller ihre bislang proprietären Produkte mit Schnittstellen zu den Internetstandards versehen. Die bekanntesten Beispiele dafür sind wohl IBM/Lotus und SAP. Die Tatsache, daß selbst diese Unternehmen, die mit ihren Produkten Notes respektive R/3 jeweils Marktführer sind, den derzeitigen Trend nicht ignorieren können, zeigt besser als jede Umfrage, welche Bedeutung die Unternehmen den Internetstandards bereits in dieser frühen Entwicklungsphase von Intranets beimessen.

Unklar bleibt, ob auch in Zukunft einheitliche Standards entwickelt werden, oder ob einzelne Hersteller im Alleingang Erweiterungen bestehender Standards vornehmen und so verschiedene Spezifikationen entstehen, was den zentralen Gedanken der Offenheit ad absurdum führen würde.

Entgegen dem Eindruck, den manche Publikationen wecken, sind Intranets kein Heilmittel gegen ineffiziente Strukturen einer Organisation. Sie bieten lediglich die technische Grundlage zur Unterstützung von Informations- und Kommunikationsprozessen sowie der Ablaufsteuerung, letzteres derzeit allerdings noch mit Einschränkungen. Dennoch eröffnen sie auch heute schon die Chance, im Rahmen der (globalen) Vernetzung von Arbeitsplätzen und der Einführung von Groupware bestehende Strukturen zu überdenken und einer Neuorganisation zu unterziehen. Neben dem Ziel des vollwertigen Intranets zeichnen Visionäre auch das Bild eines Extranets, das zum einen flexible Business-to-Business-Verbindungen und zum anderen die Öffnung des Intranets für den Electronic Commerce ermöglicht und damit einen durchgehend vernetzten Markt unter Einbeziehung des Internets schafft. Es ist jedoch davon auszugehen, daß diese Vision auch in Zukunft insbesondere diejenigen Branchen betreffen wird, deren Produkte und Dienstleistungen digitalisierbar und damit 'netzwerktauglich' sind, wie z.B. Software-Hersteller und Banken. Auch der Kreis der privaten Kunden wird sich aufgrund der dazu nötigen Technologie auf absehbare Zeit auf eine entsprechend interessierte und ausgerüstete Klientel beschränken.

Anhang A

Newsgroup-Korrespondenz

```
Return-path: <barmar@bbnplanet.com>
Date: Sat, 3 April 1997 23:09:10 -0400
To: hack4102@uni-trier.de
From: Barry Margolin <barmar@bbnplanet.com>
Newsgroups: comp.protocols.tcp-ip
Subject: Re: Why do I need standard protocols?
References: <336C13F5.3E80@uni-trier.de>
Organization: BBN Planet, Cambridge, MA
```

In article <336C13F5.3E80@uni-trier.de>, <hack4102@uni-trier.de> wrote:
>Now I read that there are gateways that can connect networks
>using different protocols on each of the seven OSI-layers,
>i.e. networks that differ completely. Now my question is how
>can I still give reasons for the use of TCP/IP? Supposed the-
re >is a company with three such entirely differing networks;
can >I connect them with gateways while each network still
uses >exclusively its proprietary protocols and would I obtain
>total transparency up to the seventh layer (i.e. for example
>including network-specific e-mail applications)? Is it true
>that in this case I would not need a standard protocol? If
so, >what are the main advantages of standard protocols like
>TCP/IP?

In general, many compromises need to be made when using gateways at higher layers. For instance, when gatewaying mail bet-
ween different protocols, there may be header fields that
exist in the source system but don't have analogues in the
target system, so they will be lost in the translation.
Consider what happens when mail is relayed from SMTP/RFC-822
to Microsoft Mail; the latter has only a single sender, while
SMTP has an envelope sender and RFC 822 has From:, Reply-to:,
and Sender: headers, so the gateway has to pick one of these
to put into the MSMail sender field and ignore the rest, which
can result in improper functioning when responses are sent
back.

IP places very few requirements on the link and physical layers, so there are rarely any compatibility problems down there.
--
Barry Margolin
BBN Corporation, Cambridge, MA
barmar@bbnplanet.com
(BBN customers, call (800) 632-7638 option 1 for support)

```
Return-path: <stjahn@eva.cs.Uni-Magdeburg.DE>
Date: Thu, 1 April 1997 14:06:17 +0200
From: stjahn@eva.cs.Uni-Magdeburg.DE (Steffen Jahn)
To: hack4102@urt-stud.uni-trier.de
Subject: Re: Gateways oder Standardprotokolle?
```

Hi Jan!

Fuer mich gab es immer nur eine protokollsuite, und das ist
tcp/ip. Demzufolge hab' ich mir auch noch nie viel gedanken
ueber gateways gemacht.

Also ein gateway funktioniert in etwa folgendermassen:

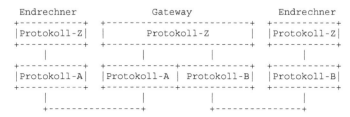

D.h. auf den Endrechnern muessen die selben hoeheren protokolle gefahren werden (hier protokoll-z), die ueber verschiedene
niedrigere protokolle laufen (hier protokoll-a und -b). Das
gateway muss alle drei protokolle unterstuetzen.

Der vorteil ist, wie du bereits gesagt hast, dass man hetoro-
gene netze verbinden kann. Voraussetzung ist jedoch, dass in
den verschiedenen netzen die selben hoeheren protokolle unterstuetzt werden. Ich glaub ftp ist ein beispiel, wo sowas ange-
wendet werden kann (ftp ueber ipx vs. ftp ueber ip).

So ein gateway stellt aber immer einen engpass dar. Durch die
umsetzung von dem einem auf das andere protokoll erhoeht sich
die verzoegerungszeit und meist auch der durchsatz in einer
verbindung.

Haeufig kann auch gar kein gateway zum einsatz kommen, weil
das entsprechende protokoll nur innerhalb einer protokollsuite
unterstuetzt wird, beispielsweise ping (icmp), snmp
(udp,ethernet) sind typische vertreter von tcp/ip.

ich wuerde dir aber empfehlen deine frage zu posten in
de.comp.os.unix (wenn da mal 'ne diskussion in gange kommt,
kann man viel lernen) oder in comp.protocols.tcp-ip.

Ciao,
Steffen.

```
Return-path: <dausch@ltd.ping.de>
Date: 03 April 1997 12:01:00 +0100
From: dausch@ltd.ping.de (Lars Dausch)
To: hack4102@uni-trier.de
References: <336AE01B.5747@uni-trier.de>
Subject: Re: Was spricht für die Verwendung von Standardprotokol-
len?

Hallo Jan,
also mir fallen da mehrere Gruende ein.
1. Man muss fuer jeden Netztyp einen "Experten" bereithalten um
die Administration durchzufuehren
2. Zusaetzlicher Aufwand bei der Administration der Gateways
3. Preis der Gateways (Anschaffung, Wartung...)
4. Geschwindigkeitsprobleme (lange Paketlaufzeiten, Zusaetliche
Netzbelastung durch Traffic von und zum Gateway)

Hoffe ich konnte Dir helfen
Lars
## CrossPoint v3.11 R ##
```

Anhang B

Experteninterview

Interviewpartner: Dipl.-Kfm. Helmut Haag   **Datum:** 18.6.1997
                          Dipl.-Kfm. Clemens Perz
                          Technologie Transfer Trier

Hackert: Ist TCP/IP unabdingbarer Bestandteil von Intranets? Wie definieren Sie den Begriff Intranet?

Perz: Für mich ist es immer ziemlich schwer, den Begriff *Intranet* mit irgendetwas zu füllen. Im Grunde genommen ist es ein reines Marketingwort...Was da richtig drinsteckt, darüber macht sich eigentlich weiter keiner Gedanken, das ist eher eine von jedem Unternehmen selbst zu beantwortende Frage, Hauptsache das Wort steckt drin. Für mich ist das eine ganz klare Sache, wenn ich es völlig abgrenze von dem, was andere denken: Es hat etwas mit LAN zun tun...Es gibt Dienste im lokalen Netz. Das lokale Netz ist innerhalb der Firma, also *Intra*net. Damit ist noch gar nicht festgelegt, welche Protokolle benutzt werden oder welche Dienste das denn im Einzelnen sind. Durch die Entwicklung mit dem Internet kann man jetzt so langsam etwas hineininterpretieren in den Begriff *Intranet,* und zwar, indem man sich die Problematik anschaut, vor der viele Unternehmen stehen, nämlich, daß sie sehr unterschiedliche Lösungen einsetzen, auch sehr unterschiedliche Plattformen einsetzen...Wenn es sich um Datenbanken handelt, dann sehe ich in dem Begriff *Intranet* schon etwas Interessantes, wenn ich versuche, die heterogene Welt, die dort existiert, zusammenzufassen in einer Benutzeroberfläche, und das geht eben über Dienste, wie wir sie aus dem Internet kennen. Und dann kann man definieren: Intranet ist der Versuch, die Internet-Dienste so innerhalb des Unternehmens einzusetzen, daß sich für die Mitarbeiter ein einheitlicher Informationspool ergibt, der aus sehr vielen verschiedenen Quellen gespeist wird.

Hackert: Aber es geht doch auch um die Vereinheitlichung unterschiedlicher Rechnerplattformen, und das geht doch nur über Standardprotokolle wie TCP/IP?

Perz: Ich würde sagen, daß so etwas wie Domino, wenn es die Schnittstelle zur Internettechnologie hat, durchaus Bestandteil eines Intranets sein kann, auch wenn man sonst keine Informationsressourcen nutzt, dann kann es auch sein, daß man sagt: Es ist ein Intranet. Es geht eigentlich nur darum - aus der Anwendersicht -, daß das, was in der Firma an Daten vorhanden ist, über eine einheitliche Schnittstelle zur Verfügung steht. Sei es, daß die Sachen auf einer textorientierten Anwendung auf einem Unix-Rechner laufen, wo man sich früher in das Programm einarbeiten mußte, um sich bestimmte Daten herauszulesen...Jetzt kann man z.B. über einen kleinen Java-Client oder vielleicht einen ganz simplen Report, der in HTML generiert wird, diese Informationen mit einem Mausklick über einen Browser zur Verfügung stellen. Das heißt, er muß sich mit der Anwendung, die dahintersteckt, gar nicht mehr auseinandersetzen; er bekommt seine Informationen über eine standardisierte Schnittstelle zur Verfügung gestellt, und dabei ist es dann egal, woher die Informationen kommen. Letztendlich braucht eigentlich nur er TCP/IP, weil er ja den Browser nutzen will, und der basiert darauf. Wenn die einheitliche Schnittstelle nicht der Browser ist, sondern irgendetwas anderes, wenn beispielsweise Lotus auch die Möglichkeit zur Verfügung stellen würde, oder anders gesagt alle Informationen, die das Unternehmen vorhält, sich in der Domino-Anwendung befinden, warum sollte das kein Intranet sein?

Hackert: Gemäß der Definition, daß Intranets auf TCP/IP basieren, wie das in den meisten Quellen beschrieben wird.

Perz: Das würde ich dann anders definieren. Das muß nicht zwangsläufig so sein. Es gibt sicherlich Rechnersysteme, die eingebunden werden, die mit TCP/IP nichts zu tun haben, wo einfach ein entsprechendes Gateway steht, das die Protokolle umsetzt, was dann aber letztlich zur Folge hat, daß auch Informationen aus diesem System den Anwendern auf der anderen Seite zur Verfügung stehen.

Haag: Ein Intranet im weiten Sinne ist ein Netz innerhalb einer Organisation. Auch ein altes Novell-LAN ist eigentlich ein Intranet.

Perz: Aber man muß immer auf den Benutzer schauen!

Haag: Richtig. Aus Anwendersicht betrachtet. Und wenn man es im engeren Sinne diskutiert, dann ist es aus meiner Sicht mit dem Begriff verbunden: Die Anwendung der Internettechnologien innerhalb einer Organisation - und da spielt natürlich TCP/IP auch eine Rolle, weil das alles darauf fußt. Vom Wortsinne her aus Anwendersicht war ein plastisches LAN mit Novell und PCs mit Windows 3.11 auch schon ein Intranet. Aber vor dem Begriff im Kontext der Internetdiskussion und -technologien und den ganzen Möglichkeiten ist ein Intranet eben dann das Hereinholen der Technologien, die zwischen den Netzen sind, also die Dienste, wie E-Mail, FTP usw., und daß man überlegt, sich diese Dienste auch in die Organisation zu holen und dadurch eine Integrationsplattform zu haben; das ist auch der angestrebte Mehrwert, insbesondere dann, wenn man mit heterogenen Umgebungen zu tun hat.

Perz: Das würde ich auch so sehen. Meiner Ansicht nach ist es nicht darauf festgelegt, daß es irgendetwas mit Internet zu tun hat. Intranet hat für mich die Bedeutung, tatsächlich alles auf eine Plattform zurückzuführen, und das kann ich auch mit einem proprietären Ansatz machen. Das Interessante am Intranet, verstanden als Internet-Dienste im Unternehmen, ist eigentlich, daß man profitiert von der Entwicklung, die das Internet durchläuft: die neuen Dienste, die entstehen, die Software, die entwickelt wird. Das ist der Vorteil davon, weshalb der andere proprietäre Ansatz da wahrscheinlich eher weniger eine Rolle spielen wird.

Hackert: Was spricht für die Implementierung eines Standardprotokolles, wenn man auch Gateways installieren kann? Gateways sind ja wohl nicht immer eine Lösung für den Zusammenschluß heterogener Netzwerke.

Perz: Es ist einfach ein ziemlich aufwendiges Unternehmen. Nicht alle Implementierungen folgen exakt den entsprechenden Standards, die festgelegt wurden.

Da werden z.B. Teile weggelasen, weil sie nicht benötigt werden, und es sind einfach sehr aufwendige Verfahren; das macht es zum einen langsam und ist eine enorme Fehlerquelle.

Haag: Die Netzwerkperformance leidet, und man hat mehrere Protokolle, die in Kollision kommen. Wir haben hier ja auch teilweise Erfahrungen aus Projekten und von Kunden, und wenn da drei oder vier Protokolle im Netz miteinander laufen und konkurrieren, dann geht man mehr und mehr dazu über, da zu standardisieren und zu vereinfachen mit dem Ziel, die Netzwerkperformance zu optimieren.

Perz: Was ich an Protokollen habe, das ist sozusagen die technische Ebene. Ein anderer Aspekt ist natürlich die Anwendungsschicht. Und da wird es interessant, die Frage zu stellen: Welche Anwendungen gibt es am Markt...in diesem Netz, die auf diesen Protokollen basieren, und wie einfach ist die Schnittstelle von der Anwendungs- zur ersten Protokollschicht zu handhaben? Wieviele Produkte werden da noch weiter entstehen? Und da hat ein offenes Protokoll wie TCP/IP natürlich enorme Vorteile, weil es so eine große Anwenderschar hat und das so eine große Menge an Software nach sich zieht und eine große Menge an Diensten, die ständig neu entstehen und sehr einfach zu handhaben sind...und auch das Verständnis für den Ablauf in den Protokollen sehr leicht zu finden ist, weil es ja offen dokumentiert ist. Wenn Sie für Novell-Netzwerke Anwendungen entwickeln, werden Sie wohl zunächst einmal um die Detailinformationen zu bekommen, die Sie dazu benötigen, einiges an Kursen bei Novell teuer bezahlen müssen.

Hackert: Wie beurteilen Sie die Internet-/Intranettechnologie im Hinblick auf die Sicherheitsproblematik? Halten sie die bestehenden Möglichkeiten in den Bereichen Datenverschlüsselung, Tunnelingverfahren und Firewalls für ausreichend, um mit Sicherheit eine Anbindung an das Internet oder die Verbindung verschiedener Intranets über das Internet zu ermöglichen und auch den Zugriff auf Intranets zu verhindern?

Perz: Technisch sind diese Probleme gelöst. Es bestehen eigentlich nur noch politische Hürden in Form von Exportgesetzen der USA...Sie können als deutsche

Firma hingehen und ein Produkt auf den Markt bringen mit einem 256-Bit-Schlüssel, das in einer Million Jahren wahrscheinlich niemand wird knacken können, oder nehmen Sie einen 1000-Bit-Schlüssel; wir sind über diese 40 Bit, die in den USA erlaubt sind schon darüber hinweg, d.h. Sie werden das Produkt nie in den USA vertreiben können, denn in dem Moment, wo Sie es in den USA *und* in Europa verkaufen, verstoßen Sie gegen das amerikanische Handelsrecht. D.h. es wird sich keine amerikanische Firma dieses Produkt anschaffen, es wird auch nicht in amerikanische Software implementiert werden, weil die die dann wiederum nicht nach Europa exportieren dürfen. Es ist allerdings angekündigt worden, daß diese Regelungen Ende des Jahres abgeschafft werden.

Hackert: Sicherheitsaspekte sind also Ihrer Ansicht nach kein Hinderungsgrund für die Implementierung von Intranets?

Perz: Man muß sich natürlich im Klaren sein, daß es hundertprozentige Sicherheit nicht gibt, aber wenn man sich jetzt mal anschaut, was die CERT an Informationen herausgibt über bekanntgewordene Attacken gegen Rechnersysteme, dann stellen Sie fest, daß die größte Zahl von Angriffen zur Zeit sogenannte 'Denial-of-Service-Attacks' sind, d.h. wo gar nicht mehr versucht wird, in irgendeinen Rechner 'hineinzuhacken', sondern wo nur versucht wird, zu verhindern, daß der noch irgendetwas Sinnvolles machen kann, z.B. einen Web-Server so mit Paketen zu bombardieren, daß keiner mehr darauf zugreifen kann..., weil die Leute schon gar nicht mehr reinkommen in die Rechner. Das ist so schwierig geworden, daß der größte Teil von Möchtegern-Hackern sowieso weit vorher schon ein Ende findet. Aber auch dieses Lahmlegen von Rechnern läßt sich reduzieren, indem z.B. Firewalls so intelligent werden, daß sie erkennen, wenn eine unnatürlich große Anzahl von Paketen von einem Rechner im Netz auf den eigenen Rechner geschickt wird, und dann eine Sperre gesetzt wird. Oder daß die Router die Pakete von dem Rechner, von dem sie kommen, gar nicht mehr annehmen.

Hackert: Die Schaffung einheitlicher Benutzeroberflächen gilt als einer der wesentlichen Vorteile einer Intranet-Implementation, da die Anwender sich nur mit einer Oberfläche vertraut machen müssen. Dennoch müssen sie nach wie vor ver-

schiedene Anwendungen bedienen können, auch wenn alle Anwendungen in einen Browser integriert werden. Worin sehen Sie den entscheidenden Vorteil einer solchen Integration?

Haag: Da muß man differenzieren. Ich muß selbstverständlich weiterhin die Grundfunktionalitäten meiner Anwendungsprogramme beherrschen. Hinsichtlich der Anwendungen bringt dies wohl keine Vereinfachung für den Anwender mit sich. Ein wichtiger Aspekt ist jedoch, daß man mit einem Browser nur noch eine Kommunikationsoberfläche hat, in der sich alles abspielt: Eingehende Faxe sollten im Browser ankommen, eingehende E-Mails, fällige Dokumente. Das ist die eigentliche Vereinfachung, weil es keinen Sinn macht, sechs Kommunikationskanäle aufzutun, d.h. man müßte im E-Mail-Client nachsehen, ob eine Mail angekommen ist, man muß im Workflow-Client nachsehen, ob dort etwas zu tun ist. Es ist unbedingt notwendig, daß das an einer Stelle passiert. Ansätze dazu sind z.B. in Outlook von Microsoft zu erkennen, aber auch noch nicht perfekt verwirklicht, weil die Verschmelzung des Internet-Explorer mit Outlook noch bevorsteht...Grundsätzlich ist es sicher sinnvoll, daß ich dann nur noch mit dem Browser arbeite, wie dies bei den Microsoft- und Netscape-Produkten vorgesehen ist, die jetzt kommen. Das alles hat aber keinen großen Einfluß auf die Excel-Formeln oder Formatierungskenntnisse, die ich in Word brauche. Das würde ich also differenzieren nach dem Kommunikationskanal - da gibt es sicher eine Vereinfachung -, aber hinsichtlich der Features in den Anwendungen nicht.

Hackert: Intranets und deren Anwendungen werden oft als kostengünstiger im Vergleich zu anderen Netzwerken und deren Anwendungen bezeichnet, weil viele Internet-Tools und Server-Software sowie der Quellcode für TCP/IP frei verfügbar sind. Kann man sagen, daß Intranets tendenziell günstiger sind als proprietäre Anwendungen, wenngleich diese Frage wohl abhängig ist von der Größe des Netzes und den benötigten Anwendungen?

Perz: Es gibt natürlich in vielen Bereichen im Netzwerkmarkt schon so ausgeprägte Konkurrenzsituationen, daß auch da die Produktpreise relativ gering sind, obwohl es proprietäre Produkte sind. Es ist natürlich etwas anderes, wenn Sie eine

IBM AS-400 kaufen und dann auch die Anwendungen von IBM bekommen. Mir hat ein Mann erzählt, sie hätten 1989 noch eine alte Kienzle-Anlage gehabt, die irgendwann nicht mehr richtig lief. Dann kamen zwei Techniker, und die haben mit einem Staubsauger alles saubergemacht. Die haben zwei Tage dort gesessen und pro Mann 10.000 DM am Tag bekommen. Dafür hätte man das ganze Büro mit neuer Hard- und Software ausstatten können. Das sind die Gefahren, wenn man proprietäre Systeme einsetzt, daß man an irgendeiner Stelle, an der man gar nicht damit rechnet, plötzlich die Zeche zahlt. Und das passiert beim Intranet nicht, wenn ich wirklich die Dienste aus dem Internet übernehme, denn da ist die Konkurrenzsituation so, daß ich wirklich die niedrigsten Preise bezahle und ich deswegen am Besten abgesichert bin, weil ich in dem Bereich, wo ich Lösungen brauche, die auch frei auf dem Markt kaufen kann und nicht meinen Anbieter danach fragen muß.

Hackert: Also spielt das Kostenargument für Unternehmen, die sich ein Netzwerk aufbauen, eine Rolle.

Perz: Vor allem, wenn man es mittelfristig bis langfristig betrachtet. Ein Ansatz, der einmal ganz groß war, ist beispielsweise NetBIOS (Anm: Network Basic Input-Output Operating System) von IBM, das jetzt so langsam sein Ende findet, vor allem wegen TCP/IP. Das heißt, irgendwann gibt es die NetBIOS-Schnittstelle nicht mehr, und damit kann ich auch mit den Anwendungen, die darauf basieren, nichts mehr anfangen. Diese Sicherheit wird sicherlich bei TCP/IP sehr viel höher sein, weil viel mehr Interesse daran besteht, die Technologie beizubehalten, was nicht abhängig ist von einem einzelnen Anbieter, der dann irgendwann sagt: „Das war wohl der falsche Weg, tut uns leid!"

Hackert: Welchen Grad an Komplexität haben Ihrer Erfahrung nach Intranets, die derzeit aufgebaut werden? Werden lediglich einzelne getrennte Dienste im Intranet genutzt, kommen Pakete wie StarOffice oder Office 97 zum Einsatz oder werden auch Anwendungen selbst programmiert?

Perz: Da haben wir wiederum die Problematik, den Begriff *Intranet* mit Inhalt zu füllen. Man sollte es den kleinen Unternehmen gönnen, einen Web-Server zu installieren und dort Dinge abzulegen, die die Mitarbeiter interessieren, und das ganze als *Intranet* zu bezeichnen - aber eigentlich ist das kein Intranet. Wichtig ist der Punkt, daß ich eine einheitliche Benutzerschnittstelle kreiere für verschiedene Ressourcen. Wenn ich nur hingehe und einen Web-Server installiere und einen E-Mail-Client, dann ist das weder komplex, noch ein Intranet in dem Sinne...Man kann sich natürlich überlegen, was man mit dem Web-Server macht, ob man z.b. für das Unternehmen einen neuen organisatorischen Weg beschreitet und neue Arbeitsformen generiert, indem man sagt, wir nutzen jetzt diesen Dienst in einer ganz spezifischen Art und Weise, um unsere Vorgänge effizienter zu gestalten. Das wäre dann für mich z.b. schon der erste Ansatz für ein Intranet. Ganz gezielt diese Dienste für bestimmte Zwecke einzusetzen, die aber auch einen Unterschied machen zu dem, was vorher war. Was bei Web-Publishing, als auch bei Intranets oft nicht gesehen wird, ist, daß es nicht darum geht, alte, eingefahrene Arbeitsweisen oder Dokumente einfach auf einen Web-Server zu legen und so weiterzumachen wie vorher. Eine hohe Komplexität findet man bei denjenigen Unternehmen, die dadurch wirklich Vorteile haben - das sind größere Unternehmen, die wirklich auch diese heterogene Umgebung haben, beispielsweise die Bitburger Brauerei. Denen geht es ganz klar darum, den Mitarbeitern in ihren verschiedenen Abteilungen an den verschiedenen Arbeitsplätzen über eine einheitliche Schnittstelle aus allen Ressourcen, die da sind, genau *die* Informationen möglichst schnell verfügbar zu machen, die sie an ihren Arbeitsplätzen benötigen. Und als Verbindungselement sieht man eben dort Internettechnologie, und *das* ist dann wirklich auch ein komplexes Intranet, weil die auch ihre Schnittstellen teilweise selber bauen.

Es gibt sicherlich viele Firmen, die aus verschiedenen Gründen das Internet nicht betreten, sei es, weil man sich das nicht leisten kann, oder weil der Chef das nicht ohne weiteres entscheiden mag usw. Da beobachtet man es dann oft, daß die Mitarbeiter in dem Unternehmen, die der neuen Technologie etwas aufgeschlossener gegenüberstehen, es durch persönlichen Einsatz schaffen, zumindest mal Dienste des Internet intern in einem Unternehmen einzuführen, um überhaupt einmal einen Denkprozeß anzustoßen und zu zeigen, was man mit denen denn machen kann. Das ist z.B. ein Antrieb für solche Installationen, die ich häufig sehe. Da geht es dann nicht so sehr darum, irgendetwas zu vereinfachen, sondern da hat jemand Erfahrungen mit E-Mail gemacht, und der findet das gut und sagt, das könne man doch mal intern machen, das koste ja nichts, und der Chef ist damit einverstanden, und die Hoffnung ist dann, irgendwie so weiterzukommen. Es gibt eine Reihe von Unternehmen, die ich kenne, bei denen das so gelaufen ist.

Haag: Was den Verbreitungsgrad betrifft, so ist mir aus unserer Klientel keiner bekannt, der jetzt schon seine komplette Umgebung pur auf Internettechnologie umgestellt hat, was ja technisch ginge. Es sind meistens Intranets im weiteren Sinne, praktisch PC-LANs, auf denen Office-Applikationen, Terminal-Emulationen u.a. laufen und wo man jetzt erste Gehversuche macht, bestimmte Anwendungen über einen Browser zur Verfügung zu stellen. An bestimmten Anwendungen fällt mir z.B. ein, daß wir Banken haben, die sagen: „Unser Orga-Handbuch, das wir früher hatten, fassen wir unter einer Browseroberfläche zusammen, und dann kann jeder das nachschlagen, was er braucht."...

Literaturverzeichnis

Bager, Jo:
Angebot und Abfrage, in: c't, o.Jg.(1996)6, S. 268-273

Baumann, Christian:
Visualisierung von Maschinendaten im Intranet, in: Zeitschrift für wirtschaftlichen Fabrikbetrieb, 92(1997)1-2, S. 64-66

Brill, Heinrich:
Die Skepsis bei Führungskräften abbauen, in: Computerwoche Extra 1/97, Beilage in Computerwoche, 24(1997)7, S. 46-49

Brügmann, Wolf Gunter:
Auf ins Intranet, in: Beilage der Frankfurter Rundschau,
Nr. 60/11 v. 13.03.1997, S. 6

Bubiak, Ulrich:
Effektive Suche im Internet, Cambridge u.a. 1997

Burghardt, Peter:
CW-Studie: Intranet. Derzeitiger und künftiger Einsatz in bundesdeutschen Unternehmen, München 1997

Comer, Douglas E.:
The Internet Book, Englewood Cliffs, New Jersey 1995

Comer, Douglas E.:
Internetworking with TCP/IP: Principles, Protocols, and Architecture, Englewood Cliffs, New Jersey 1988

Cortese, Amy:
Here comes the intranet, in: Business Week vom 26.02.1996,
S. 46-54

Davidson, Robert P.; *Muller*, Nathan J.:
Internetworking LANs: Operation, Design, and Management, Boston/London 1992

Döge, Michael:
Intranet: Einsatzmöglichkeiten, Planung, Fallstudien, 1. Auflage, Köln 1997

Eilert, Ralf; *Krist*, Thomas:
Java im Härtetest, in: Computerwoche Focus 1/97,
Beilage in Computerwoche, 24(1997)17, S. 24-29

Füller, Klaus:
Lernen aus dem Netz, in: c't, o.Jg.(1997)3, S. 302-305

Gralla, Preston:
How intranets work, New York 1996

Gräslund, Karin; *Petri*, Manfred:
Groupware für das Intranet, in: Office Management, 44(1996)11, S. 18-23

Größler, Andreas:
Java, in:
http://www.informatik.uni-mannheim.de/~whd/publications/
seminar-ss96/Andreas_Groessler/, 16.07.1997

Hansen, Joe:
Datenstau im Internet - wie geht's weiter?, in:
http://www.ukrv.de/www/docs/internet/Der_Spiegel/NetVoice/
pooltm15.html, 17.07.1997

Hills, Mellanie:
Intranet as Groupware, New York u.a. 1997

Hills, Mellanie:
Intranet Business Strategies, New York u.a. 1997

Hoff, Alexander:
Intra-Office, in: Internet Professionell, o.Jg.(1997)6, S. 68-73

Hoffmann, Horst-Joachim:
Interaktivität ist Trumpf, in: Computerwoche Extra 3/96,
Beilage in Computerwoche, 23(1996)42, S. 22-24

Hosenfeld, Friedhelm:
Das Internet rüstet sich für die Zukunft, in:
http://www.ukrv.de/www/docs/internet/Der_Spiegel/NetVoice/
pooltm25.html, 17.07.1997

Hüskes, Ralf:
Netz der Mythen, in: c't, o.Jg.(1996)12, S. 250-256

Hüskes, Ralf:
Vorentscheidung, in: c't, o.Jg.(1997)6, S. 176-179

Hutchison, David:
Local Area Network Architectures, Wokingham u.a. 1988

Jordan, Jörg Peter:
Große Nummern - die gute Adresse, in: NTJournal, o.Jg.(1997)3, S. 74-75

Jovin, Diana:
Modern tools, in: Internet World, 7(1996)7, S. 36-38

Kern, Thomas:
Intranet - der elektronische Geleiseanschluß, in: Der Organisator,
85(1996)10, S. 50-51

Kerner, Helmut:
Rechnernetze nach OSI, 1. Auflage, Bonn u.a. 1992

Kius, René:
Innerlich und außer sich, in: Screen Multimedia, o.Jg.(1997)6, S. 14-18

Kloppe, Sabine:
Mitarbeiter müssen mitziehen, in: Computerwoche Extra 2/96,
Beilage in Computerwoche, 23(1996)35, S. 17-25

Knierim, Uwe:
Intranet - Meilenstein oder Modewort?, in: Global Online, o.Jg.(1997)1,
S. 38-44

Köhntopp, Kristian:
Einheitliche Sicht, in: c't, o.Jg.(1993)3, S. 232-236

Kossel, Axel:
Hausmannskost, in: c't, o.Jg.(1997)10, S. 298-300

Kossel, Axel:
Innere Sicherheit, in: c't, o.Jg.(1996)10, S. 332-334

Krol, Ed:

Die Welt des Internet, 1. Auflage, Bonn 1995

Kuppinger, Martin:

Intranets betreiben, in: NTJournal, o.Jg.(1997)1, S. 86-89

Kuri, Jürgen:

Da geht's lang!, in: c't, o.Jg.(1997)6, S. 380-389

Kyas, Othmar:

Corporate Intranets, 1. Auflage, Bonn u.a. 1997

Lichtner, Viktor:

Trend zum Team, in: Gateway, o.Jg.(1997)2, S. 36-38

Loshin, Peter:

TCP/IP for Everyone, Boston u.a. 1995

Mocker, Helmut; *Mocker*, Ute:

Intranet - Internet im betrieblichen Einsatz, Frechen 1997

Müller, Franz:

Ausblick auf Gigabit-Ethernet, in: Gateway, o.Jg.(1997)2, S. 30-31

Müller, Rüdiger:

Die MBone-Tools, in:

http://www.informatik.uni-mannheim.de/~whd/publications/
seminar-ss96/Ruediger_Mueller/, 16.07.1997

o.V.:

http://fw4.iti.salford.ac.uk/ice-tel/firewall/theory.html, 7.06.1997

o.V.:

http://home.netscape.com/comprod/at_work/white_paper/intranet/
vision.html, 20.05.1997

o.V.:

http://www.cci.de/cci/its/fw-inf03.htm#klassifizierung, 7.06.1997

o.V.:

http://www.cert.dfn.de/team/ue/fw/workshop/
node4.html#SECTION00031000000000000000, 7.06.1997

o.V.:

   http://www.cert.dfn.de/team/ue/fw/workshop/
   node5.html#SECTION00032000000000000000, 7.06.1997

o.V.:

   http://www.fb6.fhtw-berlin.de/info/zscho/germ_int.htm, 30.01.1997

o.V.:

   http://www.fh-reutlingen.de/zentral/rz/install/pgp/funktion/
   digitale_signatur.html, 16.07.1997

o.V.:

   http://www.intranet.co.uk/papers/secure/firesec.html, 7.06.1997

o.V.:

   http://www.netscape.com/comprod/at_work/white_paper/vision/
   actranavio.html, 15.07.1997

o.V.:

   http://www.netscape.com/comprod/products/communicator/calendar.html,
   02.07.1997

o.V.:

   http://www.netscape.com/comprod/products/communicator/
   conference.html, 02.07.1997

o.V.:

   http://www.netscape.com/comprod/products/communicator/netcaster.html,
   2.07.1997

o.V.:

   http://www.netwerker.de/glossar/clieserv.htm, 12.02.1997

Palass, Brigitta; *Preissner*, Anne; *Rieker*, Jochen:
   Managen in Zeiten des Cyberspace, in: Manager Magazin,
   27(1997)3, S. 118-137

Petrik, Claudia E.:
   Außer Kontrolle, in: Gateway, o.Jg.(1996)9, S. 44-46

Picot, Arnold; *Reichwald*, Ralf; *Wiegand*, Rolf T.:
   Die grenzenlose Unternehmung, Wiesbaden 1996

Resch, Jörg:
Von der 2-Tier- zur 3-Tier-Architektur, in: NTJournal, o.Jg.(1997)3,
S. 64-67

Schieber, Armin:
Das Real Time Transport Protokol (RTP), in:
http://www.informatik.uni-mannheim.de/~whd/publications/
seminar-ss96/Armin_Schieber/, 16.07.1997

Schilder, Hans-Jörg:
Meetings ohne Barrieren, in: Gateway, o.Jg.(1997)2, S. 56-60

Schönleber, Claus; *Keck*, Cornelius:
InterNet Handbuch, Poing 1995

Schröter, Hans Georg:
Unternehmensgedächtnis bremst die Informationsflut, in: Frankfurter Rundschau, Nr. 108/20 v. 12.05.1997, S. 11

Sinn, Dieter:
Das neue R/3 soll nicht nur Internet-Technik bringen, in: Computerwoche,
24(1997)5, S. 44-45

Sperlich, Tom; *Wenz*, Florian:
Welten im Netz, in: c't, o.Jg.(1996)8, S. 234-241

*Steven*s, W. Richard:
TCP/IP Illustrated, Volume 1, Reading, Massachusetts 1994

Summa, Harald A.:
Ernstzunehmende Alternative in Sicht, in: Computerwoche Focus 4/96, Beilage in Computerwoche, 23(1996)29, S. 21

Szuprowicz, Bohdan O.:
Intranets and Groupware: Effective Communications for the Enterprise,
1. Auflage, Charleston, South Carolina 1996

Tanenbaum, Andrew S.:
Computer-Netzwerke, 2. Auflage, Attenkirchen 1992

Thiemann, Uwe:
Die Suche bringt es an den Tag, in: Unix Open, o.Jg.(1997)6, S. 89-91

Vaughan-Nichols, Steven J.:
   Intranets, London 1996

von Roden, Tino:
   MBone - das Multicast Backbone, in:
   http://www.informatik.uni-mannheim.de/~whd/publications/
   seminar-ss96/Tino_von_Roden/, 16.07.1997

Wagner, Michael:
   Traditionelles Workflow gerät unter Internet-Druck, in: Computerwoche,
   24(1997)5, S. 41-42

Weber, Volker:
   Stellwerk, Workflow mit Lotus Notes und ONEstone Prozessware,
   in: c't, o.Jg.(1997)1, S. 104-106

Weber, Volker:
   TANSTAAFL - Groupware oder Intranet?, in: c't, o.Jg.(1996)10, S. 318-330

Weiland, Stephan:
   Java-Applikationen im Intranet, in: Java Spektrum, o.Jg.(1997)3, S. 16-20

Winkhardt, Willi:
   Datenweber, in: c't, o.Jg.(1996)3, S. 170-173

Zitterbart, Martina; *Schmidt,* Claudia:
   Internetworking: Brücken, Router und Co., 1. Auflage, Bonn 1995

Diplomarbeiten Agentur

Die Diplomarbeiten Agentur vermarktet seit 1996 erfolgreich Wirtschaftsstudien, Diplomarbeiten, Magisterarbeiten, Dissertationen und andere Studienabschlußarbeiten aller Fachbereiche und Hochschulen.

Seriosität, Professionalität und Exklusivität prägen unsere Leistungen:

- Kostenlose Aufnahme der Arbeiten in unser Lieferprogramm
- Faire Beteiligung an den Verkaufserlösen
- Autorinnen und Autoren können den Verkaufspreis selber festlegen
- Effizientes Marketing über viele Distributionskanäle
- Präsenz im Internet unter **http://www.diplom.de**
- Umfangreiches Angebot von mehreren tausend Arbeiten
- Großer Bekanntheitsgrad durch Fernsehen, Hörfunk und Printmedien

Setzen Sie sich mit uns in Verbindung:

Diplomarbeiten Agentur
Dipl. Kfm. Dipl. Hdl. Björn Bedey
Dipl. Wi.-Ing. Martin Haschke
und Guido Meyer GbR

Hermannstal 119 k
22119 Hamburg

Fon: 040 / 655 99 20
Fax: 040 / 655 99 222

agentur@diplom.de
www.diplom.de